精彩观点

谁也不想得病，但又不得不与致病的细菌和病毒相伴！哪位官员又情愿坐牢？然而，只要手中有权而不受监督，就会面临各种诱惑，并可能引起心理失衡，欲望畸变，甚至堕落犯罪而身陷囹圄。

人有三欲，即物欲、情欲和权欲。在一些人眼里，“官职”作为一种重要的社会资源，既可以满足权欲，同时还可以满足物欲和情欲。对于公职人员，特别是一个单位、部门或负责一项工作、能够“说了算”的“一把手”而言，职业风险越来越高。

有效遏制腐败高发，惩罚、制度等他律机制虽然必不可少，但其完善仍需要经历一个过程。对于公职人员个人来说，控制职务犯罪风险、保护自己免受牢狱之灾，最直接、最有效的方法当属自律。

因交往对象的变化而产生的不当比较，容易引起心理的不平衡，成为这些贪官堕落的开始。不少贪官在接受访谈时，谈到自己最初对他人送礼行为的厌恶，其中不少人还曾以“赶”甚至“骂”等方式断然拒绝过。然而，生活在人情关系浓厚的社会里，可以拒绝别人的直接行贿，却难以拒绝同学、亲朋好友（其实是请托人付钱）的吃请。膨胀的私欲随着不断地被非法满足，就会持续恶化，并最终导致畸形的需要。

官员手中一旦有权就会面临他人的献媚、奉承，而如果一个人长期听不到他人对自己客观公正的评价，听不到批评、反对的声音，就必然会导致自我意识的歪曲。一个人不能自知也就意味着他不能正确认识和调控自己的心理，走上违法犯罪的道路也就是迟早的事了。

心态对一个人的成长和发展发挥着重要作用，正所谓“心态决定命运”。一个人的境遇可遇不可求，但一个人的心态则完全可由自己支配。我们在访谈中发现，职务犯在犯罪过程中常伴有某种持久的不良心态。

一个没有经历过失去自由痛苦的人难以体会牢狱之灾的味道，但任何需要亲身体验才能醒悟的人却又是那么愚蠢与可笑。

面对危险抬起头，不是每一个人都能做得到的。当有人告诉我们头上正有东西掉下来时，绝大多数人的第一反应是把眼一闭，然后把头一缩，其实这对避开危险没有任何用处。危急时刻或逆境之中，只有抬起头勇敢面对的人，才有可能逃离危险，战胜困难。

越来越多的百姓开始认识到，公职人员不过是拿纳税人的钱为百姓办事，由此，对公职人员的腐败容忍度越来越低。公众监督力度的不断加大，“官越来越难当”将成为常态。

净化环境对于预防和控制犯罪具有重要意义。但环境是复杂的，人们不可能不受消极或不良环境因素的影响。每个人在受到负面环境影响的同时，自己也自觉或不自觉地成为消极环境的制造者、传播者。因此，学会风险自我评估，及时掌握自己面临的风险程度，对于自己少受负面环境因素影响，避免污染环境都具有意义。

侥幸常会蒙蔽人们，使人们达到心理上一时的平衡，而失去对事物真实情况的评估。于是，在多数情况下，人们就很容易成为侥幸的俘虏。侥幸就像是一剂麻醉药，使人失去正确判断事物的能力，从而使公职人员所面临的法律风险转化为实际的施害行为。

目　　录

职务犯罪预防制度研究

序　言

检察机关作为国家查处职务犯罪的职能部门之一，处于同职务犯罪斗争的最前沿，在查处案件的过程中，他们掌握着丰富的职务犯罪及其发生原因等信息。为将这些信息资源转化为指导惩治与预防腐败、特别是惩治与预防职务犯罪的研究成果，自2008年以来，南京大学犯罪预防与控制研究所与南京市鼓楼区人民检察院，围绕“侦防一体，注重预防”等进行了一系列课题研究，先后发布了《医疗卫生系统职务犯罪及其预防对策研究》《工程建设腐败犯罪及其预防对策研究》《职务犯罪心理及其防治研究》等研究报告，不仅提出了“公权规范治理、单位依法自治、个人加强自律”三个相互区别又密不可分的、用以推进法治或从根本上治理腐败的具体路径，而且按照“由点到线、由线成面、由面构体”的预防工作思路，以个案查处推进单位预防，以类案分析促进条线预防，以预防调研指导系统防治。检察机关围绕自身职能开展的专门预防工作，既促进了公权的规范，推动了单位自治，增强了个人自律，又扩展了案件线索，改善了办案环境，加大了惩治力度，还营造了良好的反腐倡廉的环境。《公职人员职业风险——自我认识、评估和调适手册》（简称“手册”）就是在以上系列研究和预防探索的基础上，通过深化研究形成的又一中间成果。

一、治理腐败，最根本的是要为权力套上“三根”绳索

谁也不想得病，但又不得不与致病的细菌和病毒相伴！**哪位官员又情愿坐牢？然而，只要手中有权而不受监督，就会面临各种诱惑，并可能引起心理失衡，欲望畸变，甚至堕落犯罪而身陷囹圄。**在现实生活中，我们常常发现：已经堕落并受到刑罚处罚的腐败官员往往追悔莫及，而已经犯罪但尚未被揭露或仍处于犯罪边缘的某些官员，却总觉得自己不会出事！凡此种种，让我们这些研究者十分感慨。我们既然研制不出“后悔药”，既然无法让那些已经受到刑罚惩罚的腐败官员实现时空“穿越”，回到正常的生活轨道，那可否制作一本警示的手册，让在位的官员保持对腐败诱惑的免疫力，或让那些处于犯罪边缘的官员悬崖勒马呢？长达5年的调查、研究和实践，给了我们肯定的答案！

以权谋私是职务犯罪的本质特征，而腐败［包括一般腐败和腐败犯罪（也就是职务犯罪）］发生的规模以及严重程度，或公职人员发生腐败的风险，取决于三方面因素：权力的监督与制约程度、权力所涉及事项利益的大小、权力行使者个人欲望的强烈程度。人有物欲、情欲和权欲，各种欲望的需要本身无所谓善与恶或合法与非法，而满足需要的手段

才有道德和法律上的评价。一般来说，经过正常社会化的人，特别是经过层层选拔的官员，他们大多能够保持正常人的常态需求。但随着职位的升迁，由于手中的权力可以给他人带来各种利益，所以他们容易成为拉拢和腐蚀的对象，而不得不面对各种诱惑。研究发现，腐败官员的物欲、情欲和权欲，与其面临的诱惑呈现出强烈的正相关，即权力所涉及事项的利益越大，官员所面临的诱惑就越大。而官员面临的诸如献媚、金钱、物质、美色、权力等诱惑越大，就越容易出现心理的不平衡。此时如果没有能力及时调整好自己的心态，以恢复心理平衡，又遇上特定的形成或强化腐败动机的诱因，那么其腐败的风险也就会迅速走高，在不受监督或监督不到位的情况下，甚至引发犯罪。

从决定公职人员腐败或职务犯罪风险的三要素，我们不难看出，欲望作为推动人行为的主要动力，虽然可以通过自律加以调适，但由于一个人的自律能力是在长期社会化过程中形成的，且容易随着个人环境的变化而变化，所以是不可靠的。权力所涉及的利益大小，主要是由公共权力在社会管理、经济发展过程中的不可或缺性所决定的，虽然我们可以通过分权以分解权力所涉及的利益，并通过还权于民缩小公共权力的干预范围，但有权力就会涉及利益。掌握权力的人或部门由于也有自身的利益，公共权力极容易因此成为谋取个人或部门利益的工具。由此，降低公职人员腐败风险或有效遏制职务犯罪的发生，最关键的还是对权力进行有效的监督，即将权力装进制度的笼子！

将权力装进制度的笼子，必须为权力套上三根绳索：一根是以公民权利制约公共权力。公共权力源自人民，而且其存在的唯一理由是为广大人民群众实现权利最大化。以公民权利制约公权，需要建立民主的权力赋予机制、规范的权力运行机制和畅通的权利救济机制。一根是以公共权力制衡公共权力。分权制衡是现代权力制衡的主要形式，也是防止权力滥用的重要方法。在我国当前“一权独大，三权并列”的权力体制下，既要强化人大的监督作用，又要形成法院裁判的独立性和检察监督的有效性，还要解决好权力滥用的责任及其追究责任的程序保障。还有一根是以社会性权力监督公共权力。非公组织以及日益发达的媒体网络构成了强大的社会性权力，而这种社会性权力在监督公共权力方面正发挥着越来越大的作用。但若要更好地发挥社会性权力的监督正能量，则必须推进权力边界的明晰及其运行的公开与透明。只有公民权利、公共权力和社会性权力之间，在制度上和绝大多数人的心里形成了清晰的界限，在实践中任何逾越界限的行为，大多会受到查处，也就是说三者之间已经形成了良性的互动，那么我们才能说公共权力已经被装进了制度的笼子。

二、实现“三清”政治目标，必须处理好“四对”关系

腐败的发生有着深刻的社会原因，也有复杂的个体原因。通过体制的改革、制度的完善、机制的建立等，形成控制权力的笼子，绝不是一蹴而就的事。因为公职人员仍然时

时面临诱惑，各种腐败乃至职务犯罪仍在天天发生。如何有效地遏制腐败和控制职务犯罪，并最终实现“干部清正、政府清廉、政治清明”的政治建设新目标，我们需要正确处理好以下几对关系。

首先是“惩”与“防”的关系。惩治与预防腐败虽然是治标与治本的关系，但在我国当前反腐斗争的形势下，既拍“苍蝇”又打“老虎”的“惩”却显得尤其重要。惩治腐败既可对腐败官员起到震慑之效，又可打消处于犯罪之中或边缘的官员的侥幸心理，还可以赢得群众支持，为制度反腐赢得时间。预防腐败虽然是治本举措，但如果已经实施腐败犯罪的贪官逍遥法外，那么，不仅会进一步助长腐败吃香、贪官神气的沉沦之风，而且会让清正廉洁的官员失去守法的荣誉感，甚至会觉得清廉吃亏。由此，没有严厉惩治为前提的预防注定效果有限，甚至没有实际效果。当然，只“惩”不“防”，不仅打击本身难以深入并可能导致“递减”效应，而且打击所产生的成效难以巩固，甚至会出现腐败如韭菜一般割了一茬又一茬。其实，中央所确立的“标本兼治，综合治理，惩防并举，注重预防”的工作方针，已经为我们正确处理“惩”与“防”的关系提供了明确的指导。本书只是预防教育的一种形式，人们大可不必为这种反腐教育形式的创新而心存疑虑。教育的深化不仅可以使更多的官员“不愿犯”，而且对形成“不敢犯”、“不能犯”和“不必犯”，同样具有促进作用。

其次是“严”与“厉”的关系。“严”与“厉”是惩治或打击腐败时的两种不同的路径选择，“严”强调严密法网和对腐败的“零容忍”，真正让包括刑罚在内的惩罚，成为一般腐败或职务犯罪不可避免的后果；“厉”则强调对已经查获的犯罪分子的严厉惩处，试图以“严刑峻法”来达到威慑犯罪的目的。长期以来，由于历史与现实的原因，我国的刑事司法一直以“厉而不严”的面目示人。由于职务犯罪的特殊性，在处理职务犯罪时普遍存在着既不“严”也不“厉”的问题。相对于普通刑事犯罪，职务犯罪不仅存在着发现难、查证难与处罚难，而且被查处的贪官也更多被判处缓刑。由于腐败“黑数”的大量存在和处罚上的“轻缓”，让贪官感觉到自己被查也只是“运气不佳”或“命运不好”，正所谓“隔墙扔砖头，扔到谁，谁倒霉！”中央对腐败采取既拍“苍蝇”又打“老虎”的“零容忍”态度，正让更多腐败分子浮出水面！这也清楚地表明：惩罚腐败时“严”与“厉”的关系也正由过去的“严”而不“厉”转向既“严”又“厉”。本书在分析导致腐败发生的原因基础上，为官员划出了一条不能逾越的心理“红线”，从而让官员知道“魔高一尺，道高一丈”和“伸手必被抓”的道理。

第三是“破”与“立”的关系。腐败是一个非常宽泛的概念，从一般公物私用到严重贪腐犯罪几乎无所不包。现阶段，对严重的腐败犯罪，不仅在法律规定上是明确的，而且官员心中的界限大多也是清楚的。在这种情况下，如果腐败犯罪依然严重，那么主要原因就在于法律执行不严与权力诱惑太大。与此不同，对一般腐败行为，由于历史与现实的原因，不仅制度规定标准模糊，而且在老百姓甚至官员心中界限更是不清楚，由此表现为各种公与私不分的一般腐败成为一种普遍现象。在这种情况下，由于涉及腐败的面太大，查处腐败的标准不明确，反腐败会因得不到公众的理解与支持而难以深入。更重要的是，一般腐败与腐败犯罪之间虽然在法律上存在本质的区别，但从一个人的堕落过程来看，却是密不可分的。为此，反腐败一方面要严密法网，坚持“苍蝇”和“老虎”一起打，唯有如此，才能将职务犯罪的法律界限刻印在官员的意识之中。另一方面，要“破”除各种官员习以为常的、甚至老百姓都已高度“容忍”的腐败“潜规则”，并通过“立”规矩的办法为一般腐败行为划出“红线”。只有绝大多数人认同并能够遵循的规则，才具有规范的意义。也只有少数人违反规则，并对这种违规行为及时予以查处，写在纸上的规则才能真正起到规范作用。中央在注重打击腐败犯罪的同时，通过“八项规定”、“六项禁令”等一系列措施，着力纠正“四风”问题，在“破旧”的同时“立新”，让可能演变为腐败犯罪的一般腐败行为也进入监督甚至查处的范围，从而让官员逐步养成清廉的习惯。本书不仅是要让官员认识自己的风险，而且要让他们知道如何远离风险或控制风险。

第四是“治”与“己”的关系。腐败的原因极其复杂，既有历史的原因，也有现实的问题，既涉及政治、经济、文化、社会等环境因素，也离不开行为人的个体因素。推进国家法治，既然是从根本上治理腐败的不二法门，而国家法治的推进又存在着相互区别又互相依赖的三个层面的工作，即公共权力的规范及其依法治理、单位内部的依法治理和个人的自律，那么，反腐败就不仅仅是党和政府的事，而且是每一个单位和每一位公民的事。当下，党中央已经吹起反腐败的战斗号角，中央领导也以他们自身的行动为我们做出了榜样。此时此刻，任何单位和个人都不能只是做反腐的评论员和旁观者，而要做积极的参与者，不仅要以自治和自律的行为与腐败保持距离，而且要为培育根治腐败的土壤，建立将权力装进笼子的制度之治做出自己的努力。本书从决定一个人行为的心理入手，让官员了解腐败心理产生、发展与演变的规律，并学会有效调适自己心理、抵御诱惑的方法，关注的不仅是官员如何自律，而且包括单位如何自治，公权如何规范及依法治理。

三、研究腐败心理，为惩治与预防腐败提供依据

腐败作为一种社会现象，任何一个国家都不能幸免。但作为一个人的具体行为，每一名官员完全可以并应当设法避免。然而，人是极其复杂的，要让一个人认识到并懂得如何避免腐败，需要我们深入研究并揭示腐败作为一种现象产生、发展和变化的规律，更要弄清楚一名官员腐败堕落的心路历程，提出切实可行的防范之策。

心理是行为的根据，行为则是心理的外在表现。既然任何腐败犯罪都是由行为人的犯罪心理所推动的，那么，了解腐败官员犯罪心理形成、发展、外化、强化或衰退的规律，

掌握每一个节点心理演化所必不可少的外在刺激因素，我们既可以为反腐体制、制度和机制的形成提供依据，当然也可以此创新预防教育，并帮助惩治腐败的职能部门提升打击腐败的能力。自2008年至2010年，我们的调查研究主要聚焦于某一条线职务犯罪或类案的研究，通过分析职务犯罪的特征及其规律，来帮助单位或条线查找并有效控制容易发生职务犯罪的风险源点来预防职务犯罪。自2011年开始我们又将研究聚焦于职务犯罪的心理研究，重视分析职务犯罪心理在形成及其外化为犯罪行为的过程中，个人欲望、面临诱惑、权力监督等要素之间的互动关系，并以此提出了推动“不愿腐”、“不必腐”、“不能腐”和“不敢腐”的具体路径。在我们看来，制度是人制定的，也要人去遵守和执行，如果人们不能掌握制度建立、遵守和执行过程中的人的心理活动规律，建立“不愿犯”、“不必犯”、“不能犯”和“不敢犯”的四位一体的防治职务犯罪的体系也就成了一句空话。自2013年下半年开始，我们又在如何利用“心理极限”加大对腐败的打击力度上做深入研究，期待为相关职能部门提升反腐败能力提供技术上的支持。《公职人员职业风险——自我认识、评估和调适手册》是课题组在总结现有反腐教育得失基础上形成的一个中间成果。它从内容到形式对反腐教育进行了创新。由于在教育实践中产生了良好的效果，所以我们决定将其推而广之。

2013年12月27日下午，当《公职人员职业风险——自我认识、评估和调适手册》以首发式的形式公开亮相后，立刻引起了媒体和公众的高度关注。作为主持这项研究的学者，从未想过通过这样的方式提高自己的“知名度”，但对我们的成果受到如此关注仍感到兴奋，因为不论是批评、否定，还是称赞、肯定，也不管这些肯定或否定是出于误读，还是曲解，关注本身让我们进一步看到了成果的不足和价值。也正因为人们的关注，让我们有了将此研究成果公开出版的想法，并很快付诸了行动。我们不指望通过公开出版，让批评和否定者改变态度，但我们真心希望关注我们的人更多地了解我们的研究，并真切地期待成果能够发挥更好的自我教育作用。本书收录了制作手册所依据的前期研究成果（与手册内容不可避免地有重复之处，但为了保留研究成果及手册的各自独立性，未做删减处理，请读者谅解——作者注），我们十分期待读者对这一初步的研究成果能够提出更多宝贵的意见！

本书是南京大学犯罪预防与控制研究所与鼓楼区人民检察院长期合作的成果。在选题过程中，时任检察长田跃初率先提出了心理预防的课题，他的多方协调使我们的调查得以顺利进行。在此，我们要衷心感谢这位充满智慧的老检察长！在成果的形成过程中，南京大学法学院的博士研究生阿斯哈尔、张微、刘伟伟，硕士研究生高卉、何湘萍、张静、冀莹、叶聪、高鹏、陈慰云等都参与了调研，甚至有的同学还承担了一些研究成果的起草工作。他们现在虽然多已离开学校并走上教学、纪检或司法岗位，但这一经历一定会成为他们人生的宝贵财富。在调查过程中，我们不仅得到了浦口监狱、镇江监狱、无锡监狱、宜兴监狱、金陵监狱等的大力支持，而且得到了众多正在服刑的职务犯罪人员的配合，我们对此表示诚挚的谢意！在手册的试用和推广过程中，我们不仅得到了鼓楼区地税局等机关的协助，而且得到南京市纪委、鼓楼区纪委的大力支持，在此表示真诚的感谢！在校对过程中，狄欣怡同学付出了较多辛苦。在出版过程中，光明日报出版社给予了特别的关照，在此表示崇高的敬意！

狄小华

2014年3月16日

公职人员
职业风险
自我认识、评估和调适手册

一份引导公职人员廉洁自律的试卷
一个警示公职人员规避职业陷阱的报告

引　言[①]

国家公职人员是代表国家从事社会公共事务管理，行使国家权力，履行国家公务的人员。在刑法上这一概念包括国家机关、国有企事业单位、人民团体的工作人员。在老百姓看来，他们吃的是“公饭”，管的是“公事”，因此，统称他们为“官员”。为表述的通俗与前后文的文意衔接，本书中的“官员”就是指公职人员，是相互通用的。

对很多人来说，“做官”是一种荣耀，根本与风险挂不上钩。但随着国家法治的推进，当官意味着越来越多的担当和责任。“为官一任，造福一方”，官员依然会享有很大的荣誉，但

① 本手册系南京大学犯罪预防与控制研究所与南京市鼓楼区人民检察院合作课题“职务犯罪心理研究”系列成果之一。课题负责人：狄小华。课题组成员：南京市鼓楼区人民检察院预防局顾丽娟局长、张杰检察官，南京大学博士研究生陈子军、刘伟伟、张微、阿斯哈尔，硕士研究生何湘萍、张静、陈蔚云、叶聪。

如果滥用或怠用职权，那么他们将承担严重的法律后果。随着诱惑的不断增多，以及对腐败官员行政问责或司法打击力度的持续加大，当官面临的法律风险也越来越大。如何有效控制这种风险，既是官员自己需要关注的问题，也是反腐败需要着力研究解决的问题。

人有三欲，即物欲、情欲和权欲。在不少人眼里，“官职”作为一种重要的社会资源，既可以满足权欲，同时还可以满足物欲和情欲。在“官本位”思想仍很严重的中国，当官本身对很多人都具有巨大的诱惑力。随着我国经济和社会的快速发展，一方面，官员作为利益主体，也有自身的利益。人类的天性是自私的，“只要可能，我们当中的每一个人都希望约束别人，不要约束我们自己，都希望成为世界上一切组合的中心。”[①]另一方面，社会在加剧转型过程中，官员手中的权力资源日益丰富，面临的诱惑越来越多，对权力的监督机制却尚不成熟。因此，**对于公职人员，特别是一个单位、部门或负责一项工作、能够“说了算”的“一把手”而言，职业风险越来越高。**

预防和控制职务犯罪、降低官员的职业风险，主要应通过推进建立不愿犯的自律机制、不敢犯的惩罚机制、不能犯的制度机制和不必犯的分配机制来进行。有效遏制腐败高发，惩罚、制度等**他律**机制虽然必不可少，但其完善仍需要经历一个过程。对于公职人员个人来说，控制职务犯罪风险、保护自己免受牢狱之灾，最直接、最有效的方法当属**自律**。世上从来就没有天

① ［意］贝卡利亚著：《论犯罪与刑罚》，8页，中国大百科全书出版社，1993。

生的罪犯，那么，大多经过层层选拔，曾经优秀的官员，又是如何堕落成为罪犯的呢？接触那些因职务犯罪而入狱服刑的堕落官员，我们深切感受到，他们中的大多数本质并不坏，而之所以犯罪，与他们在掌权过程中可能面对的奉承、献媚，以及各种诱惑不无关系。官员也是人，面对诱惑、压力，容易形成需要畸变、心理失衡、自我扭曲、观念错误，并最终导致行为的失控。我们如此分析官员犯罪的原因，并非要为官员的腐败开脱，而是要让每一名官员和准备做官的人清楚：在无法选择的环境中，一个人该如何保持自身的廉洁和安全，并以自身的努力去改变不良的风气和环境。

针对日趋严峻的职务犯罪态势，为从源头上寻找职务犯罪的治理之策，本书课题组在深入研究并推动建立不敢犯的惩罚机制、不能犯的制度机制和不必犯的分配机制的同时，围绕建立官员不愿犯的自律机制，进行了大量的实证研究，并形成了一系列成果。为让研究成果在预防职务犯罪中发挥更好的作用，我们根据实证研究所揭示的职务犯罪心理特征、演变规律以及官员堕落的历程，制作了职业风险自我认识、评估和调适手册，目的是让每一名官员能够了解自己，正视风险，并采取切实可行的办法有效控制风险，避免职务犯罪的发生。

第一章
风险的自我认识

职业，是人们在社会中所从事的作为谋生手段的工作，而职业风险，则是在执业过程中具有一定发生频率并由该执业者承受的风险，包括经济风险、政治风险、法律风险和人身风险。随着权力资源的丰富，各种诱惑的增多，特别是国家法治的推进，公职人员的法律风险呈现出迅速升高的趋势。现阶段，公职人员的法律风险，主要表现为以腐败犯罪为代表的权力腐败，即职务犯罪的风险。

职务犯罪是指国家机关、国有企事业单位、人民团体的工作人员，利用职权贪污、贿赂、徇私舞弊、滥用职权、玩忽职守，侵犯公民人身权利、民主权利，破坏国家关于公务活动的规章规范，依照刑法应当予以刑事处罚的犯罪，包括《刑法》规定的“贪污贿赂罪”、“渎职罪”和国家机关工作人员利用职权实施的侵犯公民人身权利、民主权利犯罪。从检察机关近年查处的职务犯罪情况看，当前职务犯罪又突出表现为贪污贿赂和渎职犯罪。

那些堕落为罪犯的官员，除少数为“带病提拔”，绝大多数是经过组织选拔甚至民主推荐的优秀分子，他们是如何一步步坠入犯罪深渊的？根据“心理是行为的内在根据，行为是心理的外在表现”这一心理学原理，一个人的犯罪行为是由其犯罪心理所支配的。构成犯罪心理的各要素不是一个人生来就有的，而是在成长过程中与消极的或不良的环境因素相互作用所形成的。那么，一名国家公职人员在掌握了实权以后，究竟会受到哪些消极或不良因素的影响、并最终形成犯罪风险呢？我们查阅了大量职务犯罪案卷材料，并通过发放问卷和面对面访谈的形式，调查了几百名正在服刑的职务犯，发现：一个人一旦当官，将不可避免地面临以下风险。

一、权力集中容易成为腐蚀对象

公共权力是一种重要的社会资源，由于它可以给人带来利益，因此受人追捧。调查发现，职务犯虽然原来的职务有高有低，但有一个共同的特点，即都掌握“绝对”的权力。犯罪前，他们或是单位“一把手”，或是条线的分管领导，或是部门的负责人，或是负责某一个项目或某一项工作的责任人，他们对大小不同的公务事项享有“拍板”或“说了算”的权力。而这种权力常常意味着让他人获得升迁，获得金钱、物质利益，获得减轻或免除处罚的机会，因此，掌握权力的官员也就成为一些人拉拢腐蚀的对象。无论位高权重，还是官小权大，只要能给他人带来利益，他们就会成为拉拢腐蚀的对象。官员受到拉拢腐蚀的机会和强度，与其手中的权力大小成正比，而被“拉下水”的可能性则与权力受到监督的程度成反比。从这个意义上讲，集中的权力是官员面临的最大风险。当然，这种风险的大小，不仅取决于掌权人受到的诱惑频度与强度，也取决于官员自身抵御腐蚀的能力。这也是为什么有的官员虽面对诱惑，但不“中弹”的主要原因。

二、比较不当容易引起需要膨胀

需要是指人们对事物的欲望或要求。它反映了作为主体的人与自然、社会、他人的互动、摄取的关系。由于“需要是人的内在的、本质的规定性，是人的生命活动的动力、根据”，[①]它不仅是人的个体行为发生的根本动因，也是整个人类活动的根据。因此，官员“为什么会犯罪？”也得从他们需要的变化中去寻找答案。

需要本身没有好与坏，但满足需要的手段要受到道德和法律的规范和限制。普通百姓都懂得“拿人的手短，吃人的嘴

① 邵名正等著：《罪犯论》，61页，中国政法大学出版社，1989。

软”，更不用说受过组织培养的官员。调查发现，大多数贪官在当官之前或之初，虽然也和常人一样，有着过上小康或富裕生活的愿望，但对不属于自己的钱财不抱有非分之想，并能够对各种诱惑保持警惕。遗憾的是，这一切会随着职位的升迁、权力的扩大而改变。自身职位的升迁由于常常意味着可以给他人带来更多或更大的利益，因此与其接触的人的身份、地位也会发生相应的变化。与有钱的人比，总觉得自己的钱少；与位高的官员比，总嫌自己的权力太小。这种因交往对象的变化而产生的不当比较，容易引起心理的不平衡，成为这些贪官堕落的开始。**不少贪官在接受访谈时，谈到自己最初对他人送礼行为的厌恶，其中不少人还曾以“赶”甚至“骂”等方式断然拒绝过。**然而，生活在人情关系浓厚的社会里，可以拒绝别人的直接行贿，却难以拒绝同学、亲朋好友（其实是请托人付钱）的吃请。一次次享受免费的，尤其是高档的消费，让他们结识了“有钱人”和“有权人”，也让他们逐步领悟到“什么才是生活”。逐渐由羡慕他人本事大、会挣钱，放得开、会享受，关系多、会当官，到抱怨自己的收入太低，生活乏味，官职太小。个人欲望逐渐增强。

膨胀的私欲随着不断地被非法满足，就会持续恶化，并最终导致畸形的需要。从已经公开的一些职务犯罪案例中不难发现，在畸形的情欲支配下，为了寻求刺激和新鲜感，有的养了多个情妇，还要嫖娼；在畸形的物欲支配下，为了满足敛财的快感，收受贿赂几乎不分对象、时间，也不管数额大小，只是为了享受敛财的过程；在畸形的权欲支配下，为了显示所谓的权威，奉行“顺我者昌，逆我者亡”的行为准则，不惜打击报复甚至雇凶杀害挑战自己“权威”的人。

三、面对吹捧容易导致自我扭曲

自我意识是人对自身及主客体关系的反映。它作为自我调节机制的重要组成部分，对人的心理和行为起着重要的调控和监督作用。人作为社会性动物，如何看待和评价自己，在一定程度上是由别人如何对自己的评价所决定的。现阶段官场仍在一定程度上存在着不良风气，比如少受监督的权力产生的“绝对权威”，不当的政绩评价导致的政绩虚夸等，特别是阿谀奉承不讲真话实话的不良风气，由于更符合一些人爱面子和爱虚荣的特性，因此对一些官员更具杀伤力。官员手中一旦有权就会面临他人的献媚、奉承，而如果一个人长期听不到他人对自己客观公正的评价，听不到批评、反对的声音，就必然会导致自我意识的歪曲。**一个人不能自知也就意味着他不能正确认识和调控自己的心理，走上违法犯罪的道路也就是迟早的事了。**

调查发现，职务犯普遍存在着以下歪曲的自我意识：一是“我说了算”。普遍推行的民主测评，虽然极大地改变了官场的家长作风，但有的领导干部“我是一把手，我说了算”的自我意识仍极为严重，不仅听不进别人的批评建议，而且排斥异己，拉帮结派，有的甚至发展到“顺我者昌，逆我者亡”的地步。二是“我的贡献大”。职务犯中不乏曾经的国企创业和发展的元老，或是主持某个项目的功臣或某个方面的专才，但由于他们在荣誉面前不能戒骄戒躁，自恃劳苦功高因而放松自我监督，还不愿接受别人的监督，以致荣誉加身之时，就成了堕落的开始。据统计，受调查的贪官中有62.67%的人曾经获得过各种荣誉与奖励。三是“我该享受的”。有的职务犯当官不是想着为民办事，而想的是享受特权，甚至如何牟取一己之私。视买官为投资，视受贿为投资回报。出门讲排场，吃穿讲档次，办事看票子，如此等等。公权被异化为个人特权。

四、遇到挫折容易诱发犯罪动机

心态，又称心理状态，指的是一个人的精神状态。心态对一个人的成长和发展发挥着重要作用，正所谓“心态决定命运”。良好的心态不仅能帮助人排除各种障碍走向成功，而且能够更好地享受生活，增强幸福感。一个人的境遇可遇不可求，但一个人的心态则完全可由自己支配。我们在访谈中发现，**职务犯在犯罪过程中常伴有某种持久的不良心态。**

人生不如意事常十之八九。公职人员也会面临因升迁、受罚、人际关系、婚姻家庭等引起的挫折，产生不良的情绪。他们中的大多数可通过自我调节，消除这种不良情绪。但也会有一些人因心理素质差、多重挫折等原因，产生持久的压抑、不满和低落情绪，导致自我调节和控制能力的下降。

调查发现，公职人员在面临下列情形时，更容易产生不良心态，并在这种心态的推动下，形成职务犯罪的动机。一是当仕途受阻、升迁无望时，一些公职人员会因感受到“失意”，而将原来争取晋升的努力，转化为“捞一把”的动力，逐步将心思放在以权谋私上。二是当比较失当、物质欲望增强时，一些公职人员会产生强烈的相对被剥夺感，并产生不满情绪，形成权钱交易的动机。在职务犯身边几乎都少不了常来常往的“老板”、“老总”、“朋友”，正是与这些有钱人的密切交往，改变了他们的比较对象，产生了强烈的相对被剥夺感，走上了“官商结合，共同致富”的道路。三是当配偶责备、自尊心受损时，一些公职人员会不知不觉地受“枕边风”影响而捞钱，或放任自己的亲属以权力影响“挣钱”。四是当人际关系紧张特别是家庭关系不和时，有的公职人员由于需要精神的慰藉，而更容易被情色所俘获。而一旦行为“越轨”，生活就会出现入不敷出或欲罢不能的情况。为避免或维持这种情况，权力被滥用也就不可避免。职务犯背后常有情妇、“小三”的身影，就是这种情况的例证。五是当各种荣誉加身或觉得自己立有“大功”时，有的公职人员会出现忘乎所以心理，或该享受、该享有的心态，从而放松自我要求，逐步走上犯罪道路。

五、心存侥幸容易促成心理外化

贪污受贿、渎职侵权毕竟是犯罪行为，为排除实施犯罪的内心阻抗，行为人在行为前多会经历或强或弱的心理斗争。

调查发现，职务犯罪中存在着五种类型的侥幸心理，正是这些冠冕堂皇的“理由”，最终让他们选择了犯罪：一是经验性侥幸。看到他人贿赂未曾受到处罚，或自己曾有过这种经历没有受到惩罚，从而相信再犯一次也不会出事。一名原政府办主任在访谈中谈到，过去他自己也给人送过东西都没出事，相信自己拿了别人送的东西也不会出事。结果大肆收受贿赂而锒铛入狱。二是关系性侥幸。职务犯一方面认为自己与受贿人关系“铁”，受调查的71.3%的职务犯相信行贿人不会供出自己；另一方面认为自己不仅与上面领导关系密切，而且与司法机关熟悉，相信即使有事，也可化险为夷，或大事化小、小事化了。三是技术性侥幸。相信自己的受贿手段隐蔽，或先办事、后受贿，或蚂蚁搬家式的小数额“收礼”，或以假买卖、实贿赂等方式受贿，不可能被发现。四是暗示性侥幸。相信“手中有权，过期作废”，或相信有佛祖或祖宗保佑，长期的心理暗示，使自己冒险心理变得强烈。五是认知性侥幸。也就是前面所提到的，职务犯普遍认为只要“肥私不损公”，拿别人主动送的钱就不是受贿；在大家都贪的情况下，自己贪一点也就算不了什么。对法律的认知错误，会导致对行为性质误判，从而严重弱化心理的自我调控。①

杀人、放火是犯罪，这是人人都知道的常识，但在过年过节、红白喜事时，接受别人数额不大的礼金，究竟是收礼还是

① 赵菲菲：“怀疑成部分国人生活方式，专家建议重建公信力”.http://www.sina.com.cn.2011年01月17日。

受贿可能是专业问题，未必人人清楚。在调查中，我们发现，职务犯普遍对受贿和社会道德的关系存在着错误认知：一是肥私不损公。在回答“肥私不损公”的情况下，收取“朋友”不超过 5000 元的礼金，算不算犯罪的问题时，30.67% 的罪犯认为不算犯罪，只有 4% 的人认为是犯罪。在很多职务犯看来，没有滥用职权，只是在规定范围给予方便，没有损害国家或集体利益，在业务上或工作上有联系的朋友过年过节送的礼不应该算是犯罪，由于这种错误的认知，一直到累积数额巨大被查处时才如梦初醒。二是收礼非受贿。接受调查的 76% 的职务犯认为，过年过节时候送些烟酒、购物卡和代金券之类，是人之常情，礼尚往来。虽有 56.67% 的人认为收礼与受贿存在区别，但大多只能作形象上的区分，而无法对两者的区别作实质性判断。更有 18.67% 的人干脆认为受贿与收礼没有区别。这种错误的认知，导致行为人在收受别人财物时，缺乏内在的道德和法律意识的监督。三是“众贪”我才贪。收礼也好，受贿也罢，绝大多数职务犯认为这些行为在社会上很普遍，自己被抓获如同“隔着墙头砸砖头，砸到自己，只能自认倒霉”。当访谈人员对此进一步追问时，他们自己也不得不承认，这种“普遍受贿”只是一种感觉。然而，正是这种不正确的“感觉”，使得他们产生“众贪我才贪，受贿没关系”的侥幸心理。

“每个有权力的人都趋于滥用权力，而且趋于把权力用至极限，一切有权力的人都容易滥用权力，这是一条万古不易的经验。”[1]在我国，官员手中的权力在没有完全被关进笼子之前，都面临腐败、甚至是腐败犯罪的风险。如同我们不得不与各种致病细菌和病毒相伴，而得病的人一定是抵抗力差。实施职务犯罪的官员尽管是少数，受到查处的犯罪官员更是极少数，但每一位官员都是潜在的犯罪人，都会面临环境的诱惑和由此引起的内心的躁动不安，并可能形成犯罪心理，甚至推动职务犯罪行为的发生。

消极或不良的环境因素，既可与个体相互作用形成犯罪心理，也可以促使犯罪心理外化为犯罪行为。因此，自我防控职务犯罪风险，既要充分认识到以上所面临的风险，又要能够客观评估自己风险的来源和大小。

---

① ［美］E · 博登海默：《法理学 法律哲学与法律方法》，55 页，邓正来译，中国政法大学出版社，1999。

第二章
风险的自我评估

净化环境对于预防和控制犯罪具有重要意义。但环境是复杂的，人们不可能不受消极或不良环境因素的影响。每个人在受到负面环境影响的同时，自己也自觉或不自觉地成为消极环境的制造者、传播者。因此，学会风险自我评估，及时掌握自己面临的风险程度，对于自己少受负面环境因素影响，避免污染环境都具有意义。那么，作为非专业的人士，如何用专业的手段来评价自己所面临的职务犯罪风险呢?

每一个人在极其复杂的环境中成长，都会或多或少形成不良的心理因素。但存在负面心理因素的人不一定犯罪，只有当负面的心理因素由量变达到质变时，才会形成支配犯罪行为的犯罪心理。犯罪心理形成后，再受到不良环境的刺激，就容易导致犯罪。职务犯罪风险的自我评估，正是通过评估构成犯罪心理的心理因素状况来实现的。

一、职务犯罪心理的动力因素评估

如同汽车跑起来需要发动机提供动力，职务犯罪的实施也离不开犯罪人恶性膨胀的欲望、犯罪动机、动摇的理想信念、不良的兴趣爱好等心理动力。在职务犯罪心理动力因素中，强烈或畸变的需要是根本，而犯罪动机，如图财、贪色、恋权等，则是在强烈或畸变的物欲、情欲和权欲基础上产生的。

（一）问题选择

以下问题涉及心理动力因素的状况，每个问题后面有五个选择项，请将适合自己的打个“✓”。

题　　目	弱	一般	较强	很强	特别强
1. 你认同“人无外财不富”吗？					
2. 你认同“有权不用，过期作废”吗？					
3. 你认同“不腐败就会被边缘化”吗？					
4. 你渴望金钱和珠宝、字画等财物吗？					
5. 你渴望当官或升官吗？					
6. 你渴望婚外情或婚外性生活吗？					
7. 你对党和政府有效遏制腐败的信心					
8. 你对自己履行公职的责任感					

（二）自我评估

1. 计分

依据由左到右顺序，分别计 1、2、3、4、5 分。1–6 题得分越高，风险则越高。7–8 题，得分越高，则风险越低。

2. 说明

第 1、2、3 题测试受测人员对获取财富方式、对手中权力及所处处境的看法。测试的内容由抽象到具体，并越来越贴近个人的情况，所以，这 3 题的选择所得分值会保持高度的一致性，即前一题得分高，后一题得分也高。3 题相加的得分越高，表明腐败的风险也越高。

第 4 至 6 题用于评估需求的类型及强烈程度。某一种需求强烈就足以推动犯罪，而多种需求强烈则推动犯罪的动力就更强大。为此，单项得分越高，就可标示风险越大。而两项，甚至三项得分都高则风险呈现倍增趋势。

第 7、8 题测试受测人员内在抵制腐败的力量。所以得分越高，风险越低。

3. 评估

题目 风险	1 题	2 题	3 题	4 题	5 题	6 题	7 题	8 题	总分
风险低	1–2	1–2	1–2	1–2	1–2	1–2	5	5	11–17
风险中	3–4	3–4	3–4	3–4	3–4	3–4	3–4	3–4	24–32
风险高	5	5	5	或 5	或 5	或 5	1–2	1–2	22–34

二、职务犯罪心理的调节因素评估

由职务犯罪人自我意识、道德意识和法律意识所构成的犯罪心理调节系统，对职务犯罪人的欲求等动力结构起着加强或削弱、启动或终止的作用，对其动机则起着协调和监督作用。为此，一个人的欲求出现膨胀或变得强烈，甚至畸形，只是表明其追求物欲、情欲或权欲满足的动力强大，并不能说明这个人就一定会采取犯罪的手段来满足欲求。只有当欲求强烈，缺乏合法手段予以满足，而对非法手段又没有调控能力时，才可能实施犯罪。

（一）问题选择

以下问题涉及自我意识和法律、道德意识因素的状况，每个问题后面有五个选择项，请将适合自己的打个“√”。

题　目	很不认同	不认同	中立	认同	很认同
1. 你认同以下说法吗?					
（1）领导权威体现在“说了算”					
（2）官员应当按其职位享受相应特权					
（3）对单位作过贡献就应当享受待遇					
2. 你经常面临以下诱惑吗?					
（1）吹捧、拍马，很少听到批评和提醒					
（2）请客送礼或其他形式的免费高消费					
（3）被安排接受各种形式的异性服务					

（续表）

题　　目	很不认同	不认同	中立	认同	很认同
3. 你认同下列对你的描述吗?					
（1）在单位或一些事上“我说了算”					
（2）我很享受“三公”消费					
（3）我很习惯免费消费和他人送的礼物					
4. 你认同以下对你收礼情况的描述吗?					
（1）只收数额或价值不超过 5000 元的金钱或礼物					
（2）每收他人的礼物都会进行激烈的思想斗争					
（3）很少关注他人送什么和礼物的数额或价值					
5. 你认同以下说法吗?					
（1）礼尚往来只要数额不超过 5000 元就不是受贿					
（2）只要没造成单位实际损失，收礼就不构成犯罪					
（3）法不责众，大家捞好处自己捞些不会出问题					

（二）自我评估

1. 计分

依据由左到右顺序，分别计 1、2、3、4、5 分，得分越高，风险则越高。

2. 说明

第 1 题测试受测人员对任职的自我认知。我们调查得知，贪官普遍存在对身份与特权的错误认知，正是这种错误认知，导致他们将特权甚至别人的“孝敬”视为理所应当。为此，得分越高，风险越高。

第 2 题测试受测人员实际面临的诱惑。调查得知，贪官多是在遇到某种特定情形，又面临此类诱惑时实施犯罪的。为此，得分越多，表明你面临的诱惑越大，风险也就越高。

第 3 题测试受试人员实际腐败的情况。这些腐败虽然还构不成犯罪，但却起着强化犯罪心理的独特作用。为此，得分越高，犯罪的风险也就越高。

第 4 题测试受测人员的收礼及其收礼时的心理活动情况。得分越高，表明实际腐败的程度越严重。

第 5 题测试受试人员的法律认知。得分越高表明其错误的法律认知越严重，犯罪的风险也就越高。

3. 评估

风险 题目		低风险	中风险	高风险
第 1 题	1	1–2	3–4	5
	2	1–2	3–4	5
	3	1–2	3–4	5
第 2 题	1		3–4	5
	2	1–2	3–4	5
	3	1–2	3–4	5
第 3 题	1	1–2	3–4	5
	2	1–2	3–4	5
	3	1–2	3–4	5
第 4 题	1	1–2	3–4	5
	2	1–2	3–4	5
	3	1–2	3–4	5

（续表）

题目 \ 风险		低风险	中风险	高风险
第 5 题	1	1–2	3–4	5
	2	1–2	3–4	5
	3	1–2	3–4	5
		15–30 分	31–60 分	61–75 分

三、职务犯罪心理的特征因素评估

职务犯罪心理的特征因素，涉及气质、性格、能力等方面，主要反映个性心理活动稳定性的特点和独特的行为方式。调查发现，职务犯反映出明显的消极的性格特征，其中尤其以侥幸心理最为突出。所谓侥幸心理，又称冒险心理，是一个人在面临是否选择实施犯罪时所找到的“合理”借口或“正当”理由。

（一）问题选择

以下问题涉及侥幸心理，每个问题后面有五个选择项，请将适合自己的画个圈。

题　　目	不认同	中立	认同	很认同	非常认同
1. 法不责众，周围人腐败没事自己也不会有事					
2. 过去收或送礼都没事，现在收或送礼也没事					
3. 抓到的毕竟少数，自己难得收礼不会有事的					

（续表）

题　　目	不认同	中立	认同	很认同	非常认同
4. 是多年的老关系送的礼，他不可能出卖自己					
5. 我被领导所倚重，自己若有问题领导会保的					
6. 在司法机关有“铁”的关系，即使有问题也不怕					
7. 都是以合法的形式拿的别人的好处，肯定没事					
8. 即使被查，只要自己硬扛着也不会有什么事的					

（二）自我评估

1. 计分

依据由左到右顺序，分别计 1、2、3、4、5 分，得分越高，风险则越高。

2. 说明

当一个人已经形成犯罪心理，在将这种犯罪心理外化为犯罪行为时，通常还要找一个说服自己的借口，即侥幸心理。从对贪官的调查中发现，职务犯罪中的侥幸心理表现各种各样，但主要分为前面五类。这里列举的是最常见的 8 种侥幸心理。犯罪有一种借口即可，但如果同时有很多理由，那么犯罪的风险就更高。

3. 评估

低风险：每一问题的得分都低于 3 分。

中风险：有一个问题或多个问题，或每一个问题的得分介于 3–4 分。

高风险：有一个问题的得分是 5 分就意味着面临高风险，考虑到说服自己犯罪的借口具有随机性，因此脑子里的犯罪借口越多，那么参与犯罪动机斗争的可能性就越大。由此，犯罪风险还随着得 5 分数量而提高。

四、职务犯罪心理的心态因素评估

心态，通俗地说就是指一个人的心理状态。好的心态不但可以让人更好地取得成功，还能更好地享受生活，提高幸福指数。一个人的境遇可遇不可求，但其心态则完全可由自己选择。我们在访谈中发现，职务犯在犯罪过程中，特别是在初次实施犯罪时，常伴有因某种挫折引起的不良心态。一名拥有不良心态的官员，在面对诱惑的情况下，更容易突破心理防御机制，实施腐败犯罪。

（一）问题选择

以下问题涉及引起不良心态的挫折事件，每个问题后面有五个选择项，请将适合自己的画个圈。

题　　目	不认同	中立	认同	很认同	非常认同
1. 自己已不再得到领导的赏识					
2. 自己在单位受到了不公正的待遇					

（续表）

题　　目	不认同	中立	认同	很认同	非常认同
3. 周围人都富了自己却还条件一般					
4. 努力工作多年，没有功劳也有苦劳					
5. 升职没有希望，来点现实的才是真的					
6. 夫妻关系不和谐，回到家也找不到感觉					
7. 工作感觉不到一点成就感					
8. 爱人或子女常抱怨条件不如别人					

（二）自我评估

1. 计分

依据由左到右顺序，分别计 1、2、3、4、5 分，得分越高，风险则越高。

2. 说明

如同人体抵抗力降低为细菌或病毒提供了机会一样，当一个人私心膨胀，正面临某种诱惑，而恰又遇上心态不好，那么犯罪的风险将迅速提高。以上八题所描述的情况，都是经常导致官员心态不好的情形，如果你也面临这些情况，而前面的风险又都处在中等风险或高风险，那么犯罪的风险将进一步增高。

3. 评估

低风险：每一题得分都低于 3 分。

中风险：有一题得分为 3 或 4 分。

高风险：两题以上得分为 4 分，或至少一题得分为 5 分。

五、职务犯罪的潜意识因素评估

意识分为显意识和潜意识。职务犯罪是一种有目的的故意犯罪，犯罪分子大多能够觉察和感知自己的犯罪。但在某些特殊情况下，犯罪经过不断反复而进入“自动”状态，会出现不被行为人察觉和感知的潜意识状态。以贿赂犯罪为例，虽然行贿人需要受贿人手中的权力以牟私利，受贿人需要行贿人手中的钱财让权力变现，但毕竟贿赂是一种违法犯罪行为，可能受到法律的严厉惩处。因此，受贿人与行贿人之间，通常要经历初识、试探两个阶段，建立相互信任关系，然后才会进入权钱交易阶段。但如果长期交易而没有被揭露，则可能使贿赂双方建立起牢固的利益同盟，以致交易进入了不分“你我”、甚至忘乎所以的“自动”状态。此时，自我调节系统几乎不再对贿赂行为发挥有效的调节作用。

（一）问题选择

以下问题主要用于评估陷入犯罪的程度或再次犯罪的风险，每个问题后面有五个选择项，请将适合自己的画个圈。

题　　目	不认同	中立	认同	很认同	非常认同
1. 收受礼物时，我只关注谁送的而不关心送了什么					
2. 我与因业务而结识的朋友关系已经“你我”不分					

（续表）

题　　目	不认同	中立	认同	很认同	非常认同
3. 我对因业务结识的朋友的礼尚往来不再避嫌					
4. 接受别人贿赂时，已没有收与不收的思想斗争					
5. 已经形成将贿赂的财物转化为合法收入的渠道					

（二）自我评估

1. 计分

依据由左到右顺序，分别计 1、2、3、4、5 分，得分越高则再次犯罪的风险越高。

2. 说明

贪污、贿赂类职务犯罪经过多次反复而未被发现，犯罪心理就会趋于固化，即由最初的被动、谨慎到主动，甚至自动。以上五题，是根据贪官进入犯罪自动阶段常见的五种表现所设计的。

3. 评估

低风险：每一题的得分都为 2 分以下（包括 2 分）。

中风险：至少一题得分为 3 分。

高风险：至少一题得分在 4 分以上。

得高分题越多则再次犯罪的可能性越大。

六、职务犯罪风险的综合评估

职务犯罪是由以上五个方面的心理因素所组成的系统促成的，每一个因素都不能离开这个系统而单独起作用。除职务犯罪的潜意识因素，主要测试受测人员犯罪的“自动化”程度，所以是以已经实施犯罪为前提的。对职务犯罪心理动力因素、调节因素、特征因素及心态因素的分别评估，只是反映犯罪心理构成的某一侧面的情况，因此，某一因素的风险高低，只是说明这一因素在多大程度上接近职务犯罪心理的构成。如动力因素的评估如果是高风险，只表明它已经接近甚至达到职务犯罪心理结构中动力因素所需要的水平，还不能说明已经形成了职务犯罪的心理。只有当调节因素、特征因素和心态因素都处于高风险时，才能说明已经实施过犯罪或犯罪正在逼近。

一个人由正常人的常态心理向犯罪心理的演变，如同一个苹果腐烂开始只看到一个斑点，然后逐步扩大，最后整体腐烂一样，是一个渐进的过程。因此受测人员的任何一个因素处于中等以上风险时，意味着其心理已出现了腐败的倾向，应当引起高度重视。如同苹果的腐烂，当你能从外表看见斑点时，腐败可能已经难以逆转并会呈现加速趋势。同理，处于中等以上风险的心理因素越多，说明犯罪的风险也越高。

第三章
风险的自我控制

评估自己面临的风险，是为了有效控制风险，以避免职务犯罪的发生或进一步恶性发展。针对上一章 34 道测试题的风险评估结果，该如何通过自我调控来降低或消除风险呢？

一、正确认识和处理好三对关系

权钱交易，以权谋私，是职务犯罪的本质特征。在对职务犯的调查研究过程中，我们发现贪官在如何看待当官、职权与责任等问题时，普遍存在着片面甚至错误的认识。为此，正确认识并处理好以下关系，是公职人员控制风险的重要途径之一。

（一）做人与做官

按照德才兼备的要求，经德、能、勤、绩考核优秀者才能当上官，做人与做官本来是不矛盾的。然而，在现实生活中，一方面，用人上的腐败会导致“带病提拔”，使少数品行不端的人也能当上官；另一方面，即使德才兼备的人做了官，也会因不断面对吹捧，或各种诱惑而堕落为贪官污吏。在被查处的贪官中，绝大多数是在做了官以后，面对复杂的环境而逐步忘记该如何做人的。为此，作为公职人员特别是领导干部要明白：

第一，要当官，得先做人；当好官，才能成健康人。官员本是人民公仆，心中理应装着人民，但如果以权谋私背弃人民重托，也就必然意味着被人民所唾弃。也正因为如此，贪官大多活得很累，很痛苦。有贪官曾这样描述自己收了别人钱财后的心情：“整日恐惧、害怕，每次听到或见到公安干警或检察官都会紧张。有一次，一个在监狱工作的朋友在聚餐时邀请我有时间去监狱作客，我竟然吓得脸发白，半天没有答应。”

第二，当官为了百姓，荣耀才会与你相伴。中国人大多看重当官的荣耀，然而决定荣耀大小的，不是乌纱帽的大小，而是官员的品行及其在任上为国家、社会和老百姓所做的贡献。有贪官这样感慨：“我在位时吹的、拍的，请客的、送礼的络绎不绝，现在落难了，除了自己的家人，没有人来看过我。原来别人看重的是我在位时手中的权，而不是我这个人啊！”贪官受到的吹捧本是一种诱惑或陷阱，却被错误地理解为风光和荣耀。其结果是“风光”一时，悲惨一世！

第三，当官是一时的，而做人却是一辈子的事。有贪官曾这样跟我们说：“当初把我送上处长宝座的是一份盖有组织部门公章的红头文件，而今天送我进监狱的也是一份盖了人民法院公章的刑事判决书。身份、地位是随时可以变的，唯有积极向善地做人是不能变的。”

以上道理虽然都浅显易懂，在位者也大多都能认识到并有深刻理解，但具体到现实中的为人和做官时，却常常出现有悖常理而一意孤行的行为，概因前文所述的各种因素综合作用的结果。

（二）职权与责任

滥用或怠用职权，是职务犯罪的两种主要表现形式。导致职务犯罪的原因虽然很多，但腐败官员内心淡化责任，看重权力，追求特权却是一个普遍现象。为此，控制职务犯罪风险需要正确地看待职权与责任。

1. 有职才有权。权力来自于人民，并从根本上讲是为人民服务的。公职人员掌握的权力，是与其职位及其所承担的责任相适应的，而职位的确立则是根据最大限度地实现人民权利的需要所设定的。从这个意义上说，任何公职人员只有履行职责需要的职权，而没有脱离职位和责任的纯粹的权力。然而，对于受到惩处的贪官们来说，他们则有一个共同的特点，即脑子中更多的是“权为己所使”的特权思想，而缺乏应有的“权为民所用”的义务或责任意识。

2. 有权必有责。每一名公职人员，都需要通过自己的行动来实现岗位所设定的目标，也就是通常所讲的履行职责。但如果公职人员在履职过程中乱作为或不作为该怎么办呢？由于观念滞后、制度缺失等原因，过去对公职人员的滥用职权和渎职行为既没有严格的行政问责，也缺乏公众的道义谴责，即使对构成犯罪的设定刑事责任，也较造成同样后果的其他犯罪处罚明显要轻。但随着反腐败力度的加大，任何滥用和怠用职权行为的责任追究越来越严格。首先，看一看刑法对职务犯罪规定的变化。以受贿罪为例，1979 年刑法规定受贿罪最高刑为五年以上有期徒刑，但修订后的 1997 年刑法则规定受贿罪最高刑可判死刑。随着立法的完善，不仅职务犯罪的罪名在增多，贪污受贿等罪的适用范围在扩大，而且司法打击的力度也在加大。特别是新一届中央领导集体产生以来，既拍“苍蝇”又打“老虎”的反腐格局已经初步形成，权钱交易面临的风险无疑会进一步增大。其次，看一看近年越来越严的行政问责制度，重德治的传统中国老百姓，期待清官大老爷为民做主，推行法治的现代中国老百姓，希望清正廉洁的公仆为民服务，越来越多的百姓开始认识到，公职人员不过是拿纳税人的钱为百姓办事，由此，对公职人员的腐败容忍度越来越低。正是在这样的背景下，不履职，不尽责，或滥用职权，即使不构成犯罪，同样会面临越来越严厉的行政问责。尽管眼下还有些地方，“免职—复出”的把戏仍在重演，但公众监督力度的不断加大，**“官越来越难当”将成为常态**。最后，再看一看越来越猛烈的舆论谴责。从江苏省溧阳市原卫生局长谢志强“微博开房”，到不雅视频引发的雷政富事件，随着网络反腐的兴起，动员、组织公众参与反腐败的形式正发生着深刻的变化，腐败犯罪分子如过街老鼠人人喊打的氛围一旦形成，腐败分子将会付出沉重的代价。

3. 有责才有利。传统中国社会人被分为三六九等，强烈的身份意识决定了分配的不公正，不管你有无能力和有无贡献或贡献大小，你只要有了某种身份就能享受某种特权。但国家法治的推进，契约观念的兴起，人们在追求平等、公正的过程中，也越来越清楚官员的权力、待遇与其承担的责任是相一致的，有为才有位，有责才有利，无责则无权。眼下公众对“三公消费”的关注，其实也反映了人们这种认识上的变化。正如习近平总书记告诫的“千万不要既想当官又想发财”，官员享有与其承担责任相一致的权力，想要发财必然腐败甚至犯罪。因此明确自己的目标追求和责任，是控制风险极为重要的。

（三）收益与成本

以权谋私的违法犯罪行为，也许可以暂时带来丰厚的收益，但腐败官员所付出的代价是难以用金钱来衡量的。贪污受贿与渎职犯罪会给国家、社会、单位和他人造成巨大的损害，同时也给官员自身造成难以估量的损失。有贪官感叹：“要是有后悔药，再贵我都要买。”可惜有钱买不到自由、幸福和光阴，当然，也永远买不到“后悔药”。

1. 职务犯罪一旦被揭露，贪官将面临严重后果。首先是失去自由的痛苦。刑罚惩罚不仅反映了社会对犯罪行为的否定性评价，而且会导致行为人失去或长或短的人身自由。我们在访谈服刑贪官时，有犯罪人这样说：“我在位时也曾到监狱接受过警示教育，但当时难以体会失去自由的滋味，所以当时的教育活动对自己并没有太大的触动。今天当自己成为反面教材为官员做警示教育时，身份、地位和角色的变化让我的内心如针刺般的痛。”失去自由方知自由的可贵。毕竟人们不能到监狱去体验失去自由的痛苦，这也许可以解释有的公职人员平时对反腐教育不感兴趣，出事后方惊醒：“要早一点重视，也不会有今天了。”

其次是经济利益的损失。身为公职人员有稳定的收入和较高的社会地位，虽说不上富裕，但都能过上“小康生活”。然而，一旦犯罪，不仅所有的不义之财需要回吐充公，而且稳定的收入也将失去。据我们调查，近年来职务犯罪涉及的数额虽然呈现增长趋势，但在20万以下数额的仍占多数，试想一名处级干部的年收入应该在10万左右，如果在国企还不止这个数。为了一时的10万、20万，而失去一辈子的稳定收入，可谓“因小失大”。在调查中有腐败官员这样跟我们讲：“你们是研究法律的，能否帮助我们呼吁呼吁，普通职工犯罪，原来的养老金仍是属于自己的，可原来是公务员的，因公务员没有实行统一的社会养老保险，一旦犯罪就要‘双开’，这就意味着什么都没有了。我们的年纪也不小了，出狱后怎么生活呢？”我们在同情他们的同时，也在想：他们如果还在位，又怎么会考虑这样的问题呢？即使手中权力够大，腐败数额巨大，但这钱来得不正，必然会引起腐败官员的恐惧与不安。你身边也许发生过这样的事，有受贿几十万、上百万的还要装穷酸，有收了别人的钱财而为如何藏匿烦恼的。有人在网上列出贪官藏钱的各种怪招，看了令人发笑，更为其感到悲哀。

第三是亲人背负的包袱。家庭付出的代价还不只是经济，更大的还在于父母子女乃至子孙后代都要为此背上沉重的包袱。有多少贪官的子女因自己的父（母）亲犯罪而无法面对自己的同事、朋友，又有多少未成年子女因父（母）亲犯罪而受到其他同学的排斥，甚至不得不换学校。对于这些歧视性做法，我们并不赞同，但这种社会现实不会在短时间内改变，亲人因自己的犯罪而受到歧视的代价是沉重的。在调查中，有三位贪官曾跟我们哭诉了他们被抓时正值孩子面临高考的痛苦经历。其中一人这样说道："事发时，正好女儿即将高考，开始怕让孩子知道影响高考，所以跟孩子谎称出差了。但没有不透风的墙，孩子从外面听到了风声，情绪一落千丈。本来在官场混了这么多年，多少还有些关系，总能为孩子找个好学校出点力。现在可好，自己什么都没有帮上，还害了孩子一辈子。本来考上本科问题不大，最后只考了个高职的分数。我真作孽啊！"

2. 职务犯罪即使暂时未被揭露，贪官仍要付出巨大成本。职务犯罪具有隐蔽性强的特点，大多数贪官从第一次收受贿赂到案发都会经历一个或长或短的时间，并会实施多次犯罪。为此，职务犯罪的贪官即使未及时被揭露，也要付出以下难以计算的成本：一是精神上的付出。贪官当初以权谋私多捞些钱，无非是想让自己或自己的子女过得好一点，但问题是手段的非法性决定了这一目的是难以达到的。我们在调查中发现，贪官钱虽然有了或多了，但离幸福却越来越远了。一方面，人的欲望会随着需要的非法满足而不断膨胀。幸福是一种感觉，在欲望不断膨胀时，只有被满足的要求，却难以体会到真正的幸福。

另一方面，欲望的非法满足如同悬在头上的达摩克利斯之剑，且不说不少贪官因恐惧而不敢享受，即使有的过着糜烂的生活，也只是外表看着光鲜，他们的内心无时不在经受着恐惧、焦虑的煎熬。如果此时他们已经没有恐惧的感受的话，那么，等待他们的可能是更为可怕的结局。二是毁灭的代价。上帝要让一个人毁灭，必先让其疯狂。我们在调查中发现一个奇怪的现象，一些大贪或巨贪不仅自己要面临终老监狱的结局，他们的妻儿也不得不在监狱苦度光阴。而之所以会导致这种结果，就是贪心与侥幸。贪心会让一个人保持甚至持续增强犯罪动力，而侥幸则会让贪官一次次突破心理防御，并最终完全丧失自我调控能力。胆子越来越大，深陷犯罪泥潭而难以自拔，最终结果只能是毁灭了。

虽然很多人都认为，现在被抓的贪官如同“隔墙砸砖头，砸到谁，谁倒霉”，但我们要真诚地告诫大家：公职人员一旦贪污了或受贿了，出不出事，什么时候出事，主动权并不在当事人手上，而在司法机关或知情人手中。所以，千万不要为自己伸手未被抓而庆幸，只是时机未到。唯有悬崖勒马，才是万全之策！

二、及时掌握并调适好自己的心态

月有阴晴圆缺，人有喜怒哀乐。生活中人们都曾有过这样的体验，即当遇有顺心事而心情好的时候，做什么事都觉得带劲，想什么事都会觉得乐观。相反，如果遇到不顺心的事而心情不好时，那么做什么事都提不起精神，想什么事都会觉得悲观。这种微弱的有时自己都觉察不到的不良情绪，如果不注意及时调整，极易导致整个心理环境的“污染”，从而影响一个人的生活幸福和事业成功。那么，如何保持心理环境的卫生，避免不良心态诱发违法犯罪呢？

（一）正确看待挫折

人生之事涉及人事、天时、地利等极为复杂的因素，因此完全符合心意的事少，而不完全符合个人心意之事则十之八九。作为普通人，公职人员一方面既会频繁遇到诸如生活上的不如意、身体上的不舒服、感情上的不和谐等小烦恼，也会遇到事业上的失败、生活上的困难、感情上的冲突等大挫折；另一方面公职人员拿的是纳税人的钱，当然要接受纳税人的监督。随着我国民主与法治的发展，来自各方面的监督会越来越严格，不仅滥用职权和失职的行为会受到公众和媒体的关注，就是公职人员的个人私事也容易受到网络的围观，所以公职人员将越来越难当，因工作上的事而影响个人心情的情况也会越来越多。如前所述，当遇到各种不顺心的事而处于心态不好时，恰又碰到不怀好意的人的利益、美色诱惑，会更容易被腐蚀，因此需要学会调适自己的心态，通过自身“免疫力”的提高，有效抵抗腐败的侵袭。

（二）学会正确比较

俗话说“人比人，气死人”。人各有所长，各有所短。以己之长比他人之短，容易滋长骄横之气，产生对别人的不敬和不满，还容易导致心理失衡而形成“堤外损失堤内补”这类强化犯罪心理的想法。曾有这样的官员，他们能力虽强，但总觉得自己能干而不把别人放在眼里，也就因这一点总是提不上去。时间久了，看到不如自己的人都提起来了，更觉得自己委屈，并由此产生“升不到官就捞些实惠”的想法，最终走上犯罪的道路。以己之短比人之长，既容易形成什么都不如人的自卑心理，又容易使动力本来不足的心理变得更加脆弱，还容易导致缺乏主见、随大流的想法。一些公职人员平时低调，也不是人们所说的那种贪的一类人，但稀里糊涂地跟着他人腐败，以致锒铛入狱。

与有钱的人比财富，觉得自己是穷人；与位高的人比权力，觉得自己的权力太小。这种只比高不比低，只比结果，而不比产生结果的努力，以己之短比别人之长的做法，只能越比越心灰意冷，越比心理越不平衡。而贪官的腐败几乎都是从心理失衡开始的。健康的心理是一种动态的平衡，每一个人都有心理不平衡的情况，不同的是，贪官总是用消极的方法去恢复心理的平衡。我们的调查发现，贪官身边总是有那么几个“老板”，他们看到“老板”的阔绰，以及经常享受高消费，心里会觉得自己各方面都不比别人差，甚至工作上的付出比别人多，为什么别人挣钱这么容易而自己却不能。这种抱怨慢慢成为不满，并最终形成“靠山吃山”、“用手中权力捞一点也不过分”的想法。当然，许多公职人员可能都曾有过这种心理不平衡，而他们之所以没有以权谋私、违法犯罪，就在于他们采取了与贪官完全不同的心理平衡机制。廉洁的公职人员抵制诱惑的方式很多：面对诱惑，有的想别人有钱为什么还要巴结自己，说明自己掌握着更有价值的东西，以权谋私虽然得到的是钱财，但失去的却是人格和尊严；有的能够清醒地认识到，别人看中的是自己手中的权力而不是尊重我这个人，帮人家挣大钱自己得点小利，自己至多是别人的挣钱工具而已；有的则认为钱多有钱多的活法，钱少有钱少的活法，只有钱挣得合法，用得才踏实，才有幸福可言。如此种种，有一个共同的特点就是不乱攀比，或者说能看透糖衣炮弹的本质所在。

（三）放弃追求完美

金无足赤，人无完人。一个人如果过于追求完美，而现实生活又总是不那么完美，就会不断产生挫败感。所以追求完美的人，不仅难以保持良好的心态，而且会产生物极必反的后果，即由起初对自己的“苛求”，而走向对自己的“放纵”。如有的贪官起初为了获得他人所谓好的“口碑”，事事小心，处处留意，为了不得罪人甚至不惜放弃原则，最终落得个他人犯罪，自己也因渎职受罚。有的贪官当发展顺利时，容易对自己产生过高的期望，而一旦不能按照自己的期待达到目标，就会出现心理失衡。有这么一位局长，因工作业绩突出，各方面评价都很好，升任副市长的呼声很高，他自己也觉得该轮到自己了。可是左等右等就是没有下文，于是心理由起初的兴奋变为焦躁，再到不满。当不满心态持续一段时间后，产生了升不了官捞点“现”的补偿心理。案发后，纪委领导找其谈话，告知他的晋升其实早已经党委讨论通过，只是等待合适的时机宣布而已。当贪官听到这话时，内心的苦楚是可想而知的。据一位反贪专家说，类似这种情况的贪官还不是个别的。这也引起我们产生这样的思考，我们做官究竟是为了什么？就因为自己没有按预想晋升就去违法犯罪，究竟是报复谁呢？从以上案例我们不难找到答案。

三、高度警惕并打消侥幸的心理

滥用职权虽然可以获得私利，但毕竟是不合法的手段，因此绝大多数贪官在犯罪初期的每一次犯罪，都会进行激烈的思想斗争。这种斗争类似自我免疫的反应，是内心推动犯罪和阻止犯罪两种力量的较量。推动贪官犯罪的力量，主要是滥用职权可能带来的利益；而阻止贪官犯罪的内心力量，则表现为良知和刑罚的威慑力量。当某种需要出现畸变，或强大到足以直接推动为满足需要的行动时，人的肌体会自动集中主要力量为满足需要而努力。此时，阻止犯罪的内心力量相对较弱，行为人虽有干与不干的斗争，但斗争不会很激烈。对大多数贪官来说，他们在初次犯罪或犯罪初期，诱惑虽使他们的欲望变得强大，但仍不足以直接推动犯罪，需要瓦解成长过程中建立起来的心理防御机制，即消解道德或良知产生的内心不安，消除可能的刑罚惩罚造成的恐惧。

侥幸是一种心理预期，也是一种自我安慰。趋利避害是人的基本心理需求，人们都不喜欢做对自己不利的事，而利与不利是要自己作判断的。喜欢钱财但又担心不义之财对自己不利，于是侥幸成了贪官说服自己最终选择犯罪的关键因素。侥幸在犯罪中其实就是犯罪分子为自己犯罪找的“合理借口”。侥幸常会蒙蔽人们，使人们达到心理上一时的平衡，而失去对事物真实情况的评估。于是，在多数情况下，人们就很容易成为侥幸的俘虏。侥幸就像是一剂麻醉药，使人失去正确判断事物的能力，从而使公职人员所面临的法律风险转化为实际的施害行为。

如前所述，贪官的侥幸心理主要表现为关系性侥幸、经验性侥幸、技术性侥幸、暗示性侥幸、认知性侥幸等五大类，作为公职人员应如何防止或打消侥幸心理以控制职务犯罪的风险呢?

（一）关系性侥幸的虚无

中国人重人情关系，亲朋好友之间不仅会有各种形式的礼尚往来，而且会按照人情关系的亲疏和远近来处理生活中乃至工作上的各种问题，于是就有了中国特有的不正之风，即办事要找关系、递条子、走门路。伴随着改革开放，人们的交往关系迅速扩大，特别是各种工作和业务交往关系日益增多。为了在激烈的竞争中获得优势，有的不法之人设法收买官员，而有的官员则利用权力大胆寻租，并借人情往来之名行贿赂之实。一些不法商人和贪官为了规避可能的法律风险，则又以人情关系作为护身符，千方百计构筑自认为安全的防护网，即不断建立和巩固各种可供利用的关系，错误地认为有了这些关系，自己的违法犯罪也就难以受到惩处了。

我们不能否认，在现实生活中，确有少数领导因法治意识不强或怕“拔出萝卜带出泥”，而对违法甚至犯罪的“爱将”存有庇护之心，也确有个别公安司法人员收受贿赂而徇情枉法，但随着职务犯罪立法的不断完善，职务犯罪查处力度的不断加大，反腐败教育日益受到各级领导的重视，这种情形会越来越少。究其原因在于中央反腐败决心已明，民间反腐败力量壮大，司法反腐败力度加大，反腐败的氛围正在形成之中，人们已经不再像过去那样对腐败盲目宽容，网络的发展也使人们不再担心检举揭发会受到报复或没有下文。任何一位领导，除非自己卷入了腐败，担心查处部下会带出自己，那么没有任何理由为包庇部下，去冒巨大的政治甚至法律的风险。而随着刑事诉讼法律规定的细化，具体办案程序的规范，不仅办案人员之间存在分工制约，而且建立了定期复查，上级抽查等监督机制。特别是律师、被告人和被害人越来越多地参与到案件的处理中去，司法人员要在办案中“做手脚”不仅越来越困难，而且即使“做了手脚”也很容易被发现和查处。

（二）经验性侥幸的虚幻

有位贪官曾经是单位对外交流的负责人，免不了经常要以单位名义向有关单位和业务关系人送礼，后改任单位领导。当别人向他行贿时，也没有在意。他说：“想啊，我以前给别人送没出事，现在别人给自己送也不应出事，于是一次次笑纳别人的钱财。后因送礼的老板出事，自己被老板供出而被判刑七年。”他至今还没有想通：为什么别人拿了没事，自己却有事？于是认为是自己运气不好。其实贪官被抓并非其运气不好，而是被其过去贿赂的“成功”经验所害。如同“失败是成功之母”，其实“成功也是失败之母”。过去行贿或受贿的“成功”，只是贪官的一种幻觉。这种所谓的成功幻觉，会让贪官产生犯罪成功的快感，并麻醉贪官本来对犯罪的敏感神经，从而增大其再次犯罪的胆量，甚至可能使这种犯罪心理固化而反复犯罪。

暂时未被揭露的职务犯罪，并非表明过去的犯罪成功或没事。由于职务犯罪的特殊性，特别是贿赂犯罪常常是发生在两个人之间的事，其自然暴露或被揭露常要经历一个或长或短的过程。从情妇告发、网络曝光到行贿人供述，一个个案件的发案看似偶然，实则偶然中带有必然。正所谓“要使人不知，除非己莫为”。即使贿赂这样极其隐蔽的犯罪，整个交易过程涉及贿赂介绍人、双方当事人、滥用职权所涉及的关系人、赃款赃物藏匿人等，所以要想不暴露其实是很困难的。任何犯罪过程毕竟不是一个自然的行为过程，这种经过周密策划的行为，由于经常不合生活逻辑，因此极容易“欲盖弥彰”。

（三）技术性侥幸的可笑

腐败的预期收益虽然很诱人，但可能的严厉惩罚也着实让人感到恐惧。在趋利避害本能的支配下，贪官为了规避犯罪风险可谓绞尽脑汁：为了藏匿赃款，有的将钱砌在墙内，有的把钱埋在地里，还有的甚至放到厕所下水道；为了洗白赃款，有的以亲属名义合资做生意和办公司，有的以朋友间的礼尚往来做掩护，还有的以退休后被高薪聘来掩盖，如此等等，不一而足。然而“魔高一尺，道高一丈”，最狡猾的狐狸，也逃不过智慧的猎手。

犯罪虽然可以单个人实施，但无法在绝对隐秘的情况下完成。任何犯罪行为都会导致作用对象及所在时空的改变，并给处在同一时空下的其他人或视频、录像等留下证据。更重要的是，当一个人实施犯罪后，其内心必然恐惧、害怕，并会在行为上表现出来。就拿贿赂这种犯罪来说，贪官们在犯罪时都曾错误地认为：“这是天知、地知，你知、我知的事，只要双方不说，又怎么可能暴露呢？”但事实上，他们中的大多数就是被他们认为不会出卖自己的行贿人所揭发的。趋利避害是人的本性，权钱交易因可以各取所需，所以双方目标是一致的，自然也不存在相互揭发的问题。但当一方面临犯罪调查，如果不如实供述可能造成不利结局时，贿赂双方开始出现利益上的冲突，此时为自保而供出另一方是人性的表现。即使对方不揭露，一旦成为调查对象，因为内心有鬼，所以害怕接受讯问，主动供述也是很常见的现象。总之，自认为作案手法高明，作案而不会出事，只不过是一种自欺欺人的安慰。

（四）暗示性侥幸的可怕

“有权不用，过期作废”、“有钱能使鬼推磨”等是我们日常生活中经常会说的话，一旦被重复，就会成为一种强烈的心理暗示，并在你面对各种诱惑时，发挥强化犯罪动机、增加犯罪冒险的作用。调查中有的贪官这样跟我们说：“犯罪有时就是一念之间，自己曾一再拒绝他人贿赂，但第一次受贿时，行贿人谈到退休后有什么想法，说该考虑考虑退休后的生活安排了，当时自己脑子里好像满是‘有权不用，过期作废’的想法，原有对行贿人的警惕一下子就放松了。”为什么会满脑子出现“有权不用，过期作废”？是因为平时说得多了，潜移默化地影响到自己的意识。在特定的情形下，这种意识就会发挥消极调节行为的作用。

在官场，甚至在日常生活中，类似这样的消极性语言还真不少，这些语言大多是在私下发的牢骚，甚至说笑时说的，但重复多了就会对人产生消极暗示作用。为此，净化心灵环境，避免消极心理因素的形成，需要从日常生活做起，即注意识别并防范消极性语言的影响，杜绝传播或重复这样的语言。

（五）认知性侥幸的无知

在职务犯罪中，知法犯罪不乏其人，但不懂法而犯罪的仍然大有人在。贪官的不懂法与过去所讲的文盲和法盲不同，主要是由法律规定越来越精细、而法律教育仍然不完善所造成的。以“肥私不损公”为例，不少在监狱服刑的贪官至今仍没有搞清楚：自己是收了别人的好处，但并没有造成单位或公家的实际损失，怎么能说是犯罪？有这么一个耐人寻味的个案，某水域管理处刚成立，因经费不足，需要通过水产经营来弥补不足。于是管理处下设立了一个水产公司，并以公开招标方式确立了承包人。为确保承包方能够上交承包款，单位领导通过自身关系为承包方联系业务和跑市场。年终公司赢利丰厚，承包人除按合同上交管理处承包费以后，还挣了几百万。承包人在高兴的同时，没有忘记给予极大支持的管理处领导以回报，于是给相关领导买了房子。一天晚上，承包人带着房子钥匙来到了管理处领导的家，聊了一会儿后说："今年我该交的钱都交了，还挣了几百万，这钱虽是我个人的，但我不能忘记您给予的大力支持。您家人多，还挤在这样一个80多平方米的房子里，我拿自己的钱给您买了套房，这也是您该得的。"该领导听了承包人这话，觉得没有损害单位的利益，这房虽是承包人给的，其实也可以说是自己该得的，于是没有犹豫就接过了钥匙。后来案发，房被收缴，自己被判了十多年。

公职人员一般都清楚职务犯罪是"损公肥私"的行为，但未必知道这"损公"究竟包括什么内容。一般人理解的"损公"通常指造成公家的金钱、财产等实际损失，但从刑法意义上讲的"损公"，首先是指造成对政府或公职人员廉洁形象的损害。廉洁奉公是公职人员的基本职业道德，只要收受他人好处，而不管是否造成公家的物质损害，都可能构成违法犯罪。这一点，对于学法律的人来说是常识，但对很多仅接受过普法教育的公职人员来说可能是法律的盲区。由此，让每一名公职人员警醒：学法不能浮于表面，要学到位。同时，也提醒有关普法教育部门和从事普法教育的个人，普法教育需要针对不同对象加以深化，而不能满足于统一的法律常识教育。

"收礼非受贿"也是很多贪官坐了几年牢还没有搞明白的错误的法律认识。在服刑的贪官中，有相当一部分是因为日积月累的“礼金”达到了构成犯罪数额而被判刑的。那么，何为收礼，何为受贿？关键是看发生在谁与谁之间的往来及往来的数额大小。礼尚往来通常是基于感情联络，并主要发生在亲朋好友之间，都是双向的；而贿赂则是基于权钱交易，并主要发生在因工作而结识的朋友之间，大多为单向的，或虽然是双向的但往来的数额明显不对称。礼尚往来通常数额不会很大，且双方会根据条件好坏决定往来数额。贿赂有的一次性数额就会很大，有的一次数额不大，但次数会比较多。行贿数额最终的大小，常常与行贿方想通过官员所追求的利益多少有关。如果本是亲朋好友又发生工作上的关系，此时的交往也就不再是原本意义上的亲朋好友之间的交往了。权钱交易中行贿和受贿不仅存在着时间上的先后，如先办事后受贿，先受贿后办事等，还存在着交易方式上的不同，如权钱、权色、权与机会等，所以，有的贪官认为自己收了别人的钱，又没有利用职权帮人办事怎么算受贿？世上从没有免费的午餐，受了贿还没有帮人办事，但只要有证据证明你这样做了，并不影响受贿犯罪的构成。

四、提高抵御诱惑或抗风险的能力

金钱、美女、权力如此等等，生活在诱惑无处不在的环境中，每一个人唯一可做的就是提高自身抵御诱惑的能力，同时做一个对社会负责任的不污染环境的人。那么，公职人员在复杂的环境中，如何提高自己抵御诱惑或抗风险的能力呢？

（一）保持一颗平常心

贪官陷入犯罪深渊的根源在于其贪欲，而贪欲又是在难以避免的外在不良刺激的情况下逐步形成的，为此，公职人员需要保持一颗平常心以避免私欲的恶性膨胀。首先，要做平常人。人虽有职位高低，职权大小，却无人格上的尊卑之分。公职人员不管位多高、权多重，只要能够认识到自己也是平常人，并懂得如何尊重他人，他的心态就不会因自己职位的升降等变化而发生剧烈变化。更不会因接触对象不同，比较对象变化而产生心理失衡，引发欲望的膨胀。其次，不要白日做梦。谁都希望生活得好一些，但不是自己诚实劳动所得，即使财富多了，也只是暂时的且不可能带来真正的幸福。公职人员由于工作关系能够接触到更多有钱或有权的人，也最容易因比较不当而产生心理不平衡，并幻想财富、权力也能从天而降，落到自己头上。然而，幻想不是梦想，更不是现实，指望天上掉下馅饼，不仅自寻烦恼，劳心伤神，而且会在这种不切实际的欲求的牵引下，突破道德和法律的底线，走上违法犯罪的不归之路。一批又一批贪官的堕落反复证明了这一点。第三，不作过度解读。不论是生活中，还是工作上，遇到挫折和问题要学会就事论事，不要作过度解读。将问题归因于客观或他人，而不是从自己身上找原因，既不利于自己面对问题和挫折，还会引起猜忌、隔阂与不满，并导致问题的进一步扩大以及心态的不断恶化。

（二）提高对诱惑的临界点

诱惑无处不在，但由于每个人对诱惑的临界点不同，因此同样的诱惑有的人能坦然面对，有的人却难以抵挡，而究其原因在于一个人的习惯与修养。有这样一名贪官，因为人豪爽又讲义气，结识的各类朋友特别多。为了迎合不同的朋友，什么娱乐场所都去，什么吃请都不缺，渐渐地，这些成了一种生活方式，公与私的界限，办事的原则等也不复存在，等到锒铛入狱，他才幡然醒悟："我曾为自己朋友多、路子广、能办事而自豪，今天想来都是自己太讲义气，乱交朋友给害的。"

公职人员也是人，也有正常的交往和生活，但因自己的身份或职业，有些非公职人员可去的场所可做的事情，公职人员未必也可去也可做。换言之，公职人员应当有更高的道德修养，更强的法治意识。我国目前对公职人员的管理由于还存在制度不健全、监督不到位等不足，甚至还存在着体制性、制度性腐败，因此公职人员在缺乏外在监督制约，又要面对诱惑的情况下，内在的道德很难发挥作用，甚至会出现加速下滑，这也是为什么有的"好官"后来却成了"道德败坏"的"贪官"的原因所在。随着社会的进步、法治的推进，"从严治官"不仅是一种历史的必然，而且正成为一种现实。遗憾的是，总是有些公职人员看不清历史潮流，抱着某种侥幸心理我行我素，直到东窗事发才直呼后悔。"过去在位时，尽管自己在大会小会对部下强调要加强道德修养，而自己内心却觉得这些是大道理，所以很少进行自我反省。直到今天，自己才明白出事是必然的。这么多年来，自己怎么会变得这么自私和贪婪，竟然还不自知。"

“蚁穴溃堤”极好地解释了贪官的道德堕落，也再一次警示人们，抵制腐败需要加强修养，不断提高对诱惑的临界点！

（三）善于倾听不同意见

一个人怎么看待或评价自己会直接影响这个人的行动，而一个人的自我评价，依赖于周围人对他的看法。因此，营造一个良好的人际环境，让公职人员能够听到别人对自己客观、公正的评价也就变得极为重要。如前所述，公职人员一旦手中有权，由于可以给其他人带来晋升、获利等机会，很容易成为他人吹捧的对象，而爱听好话又是人之本性，因此面对阿谀奉承极易迷失自己。为避免这种情况的发生，不管你处于什么职位，一方面要多交几个思想品位有高度的朋友，以使关键时刻有人提醒自己；另一方面要多交几个与自己职权没有牵连的具有纯粹友谊的朋友，以使始终有朋友不受利益的影响而能够对自己进行诚实批评和提醒。

“忠言逆耳利于行，良药苦口利于病”这句至理名言谁都能脱口而出，但真要落实到行动上却是难上加难。有贪官曾这样跟我们说：“起初有人当面夸自己还觉得有点不好意思，有人吹捧自己时，自己在心里还会反问‘我真有这么好吗？’但当吹捧的人多了，也就习以为常了，当初的戒心也就没有了。更可怕的是，听习惯了好听的话，当有人批评自己时，会觉得特别不舒服，并从内心对对方反感，这也许是因为人生来爱听好话吧。”

五、正视问题并勇于跳出人生怪圈

有一位多年与腐败分子打交道的检察官曾经这样说："清廉的干部都是相似的，腐败的官员各有各的问题。"但时过境迁，近几年落马的官员越来越多地呈现出某些共性，他们都在各自的权力范围内，肆无忌惮地演绎着相似的腐败故事：从手段上讲，无非就是利用手中的财权、行政审批权、资源配置权、人事任免权等公权力去置换私利；从表现上讲，贪污受贿、包养情妇、提拔亲属等庸俗的"剧情"一再重演。

当你读到这本手册时，或许腐败的剧情已经上演，此时此刻你该考虑正视问题以悬崖勒马，还是放任自己重蹈腐败官员的覆辙。现代科学虽可"上天揽月，下海捉鳖"，但仍然无法制造出"后悔药"，所以，勇于跳出腐败官员的人生怪圈，避免风险扩大才是唯一的选择。

（一）跳出相似的人生"怪圈"

不同级别的官员都有年龄的限制，所以不同时期的腐败官员常带有时代的特征。全国检察业务专家、吉林省检察院反贪局局长姜德志曾经这样概括五六十年代出身的贪官，很多贪污腐败的领导干部都有相似的成长经历，即都有一个苦难的童年，一个奋斗的青年，一个上升的中年，最后都有一个悲惨的晚年……贪腐情节基本都很"老套"，没有跳出上述"怪圈"。与五六十年代出身的贪官不同，七八十年代出身的贪官大多是在顺境中成长起来的，所以他们的腐败经历又呈现出另一番景象：一个快乐的童年，一个令人羡慕的青年，一个因利令智昏并迅速堕落的中年……他们贪腐情节相似，但腐败的胆子更大。

不论是哪个年代出身的贪官，他们虽然有着不完全相同的成长经历，但自踏上腐败之路，人生的归宿也就注定了：或在监狱孤独终老，或在内疚、愤懑和他人的怜悯、鄙视中度过余生。**一个没有经历过失去自由痛苦的人难以体会牢狱之灾的味道，但任何需要亲身体验才能醒悟的人却又是多么愚蠢与可笑。**

（二）改变相同的堕落“轨迹”

公职人员的违法犯罪通常要经历一个逐步演变的过程，即完全拒绝——行为上的谨慎接受——心理上的完全接纳——受制于人而欲罢不能——变本加厉而丧失理智。贪官由于被揭露时所处的阶段不同，所以堕落的程度也不一样。通常被揭露得越晚，罪行越重，当然所受到的惩罚也会越严厉。如果处于变本加厉丧失理智阶段被抓，那么多为“罪行特别严重”的贪官了，自然等待他们的是短则十来年，长则无期的刑罚。也许你是因身不由己或受人诱惑等而实施腐败甚至犯罪行为的，若要避免走上犯罪的末路，需要鼓起勇气果断终止腐败，及时改变堕落的人生“轨迹”。

贪官堕落的“轨迹”其实是其犯罪心理恶化的过程，若要打断这种符合心理发展逻辑的演变，需要从以下方面着手：首先，认识堕落规律。认识贪官堕落的规律，了解自己心理的变化，就可以及时预测并警醒自己，防止重蹈贪官的覆辙。其次，善于克服阻力。不论是被动还是主动以权谋私，当数额积累到一定量的时候，自己也会觉得害怕并萌发“收手”的念头，但一旦想要终止腐败，一方面要消除内心的顾虑。“我不腐败了，会不会反而遭到他人的排挤？”，“前面腐败都没事，不腐败会不会亏了？反正已经腐败了，终止腐败也改变不了已经腐败的现实”。这种“不腐败就吃亏”的想法事实上是难以成立的，且不说被查处时付出的巨大成本，就是暂时没有被查处，这种是否被查，什么时候可能被查的“不确定性”，也足以让人焦虑与恐惧。另一方面要善于消解外在压力。在贿赂犯罪中，有时当受贿方想收手时会遭到行贿方的“要挟”或“绑架”，此时受贿方常因顾忌对方告发而不得不继续与之“合作”，以致在犯罪的道路上越走越远。其实就现行刑事政策而言，已经实施腐败甚至犯罪的官员有许多免除或减轻、从轻处罚的机会，如将赃款主动退还廉政账户，在规定时间内主动讲清问题，主动坦白或检举揭发立功等。如果继续与行贿方合作虽然可以暂时避免被对方告发，但犯罪次数越多，不仅对方要挟你的资本越大，留下的犯罪破绽也会越多，所以被揭露的可能性越大。更重要的是被揭露得越晚罪行越重。第三，勇于面对问题。刑罚的威慑所产生的恐惧，是每一名贪官在未被揭露前都会深切感受到的，但为什么有的贪官已经自知还仍然作恶？究其原因在于他们不敢面对自己的腐败问题，以致常常采取文过饰非或掩耳盗铃的方式进行自我蒙蔽以求得心理的平衡。正所谓“常在河边走，哪能不湿鞋”，消极的传统文化，不良的社会和官场风气，使得有时难免实施腐败行为。在陷于危险之时，只有勇于面对的人，才会重新获得安全。

（三）面对危险请抬起你的头

几年前，一个由 7 个探险家组成的团队在崇山峻岭中穿行，他们在经过一座险恶的石山下时，山体发生迸裂，十几块巨石从山腰轰然而下。等一切沉寂下来，7 个探险家中 6 个已经被乱石砸死，而剩下的那 1 个探险家只受了点轻伤。

闻声而至的记者问这个幸存的探险家："你只是侥幸没有被石头砸中吗？""不是。"探险家淡淡地说："只是因为我面对危险时抬起了头，从而得以避开巨石的袭击。"

面对危险抬起头，不是每一个人都能做得到的。当有人告诉我们头上正有东西掉下来时，绝大多数人的第一反应是把眼一闭，然后把头一缩，其实这对避开危险没有任何用处。危急时刻或逆境之中，只有抬起头勇敢面对的人，才有可能逃离危险，战胜困难。[①]

结语

有权力就会有腐败，腐败作为一种社会现象难以根除，但作为一种个人的职业风险完全是可以控制的。为了你及家庭的幸福，为了你和我共同的中国梦，请参悟全国佛教协会副会长

---

① 苑广文：《面对危险抬起头》，载《少男少女》，2004（5）。

湛如法师语：

未必肥甘便永年，淡饭粗茶别有天。
若能悟得安心法，不羡庄周不羡仙。

未必名高位便增，权贵从来险多生。
参透浮华原是梦，心地清凉即高风。

未必芬芳始是春，霜华老圃见精神。
阅尽人生平常事，随缘喜乐即是真。

未必钱多乐便多，财多失驭却招魔。
囊中何事堪羞涩，富有恒沙是佛陀。

未必清闲便是仙，金仙原是火中莲。
骄阳当午池塘静，映日荷花别样鲜。

职务犯罪
及预防对策研究

职务犯罪心理及其防治研究
医疗卫生系统职务犯罪及其预防对策研究
工程建设腐败犯罪及其预防对策研究

第一章

职务犯罪心理及其防治研究[①]

引言

以公共权力谋取个人私利，是公职人员职务犯罪的本质特点。掌握公共权力的公职人员由于也有个人利益，因此本为追求公益的公共权力，极易被掌权官员异化为获取其个人或部门利益的工具。根据“心理是行为的内在依据，行为是心理的外在表现”这一心理学原理，贪污、受贿、渎职等犯罪行为，其实是受行为人内在的犯罪心理所支配的。如果我们能够掌握职

① 本课题系南京大学犯罪预防与控制研究所与南京市鼓楼区人民检察院合作课题，课题组组成如下：组长：狄小华；成员：南京市鼓楼区人民检察院预防局顾丽娟局长、张杰检察官，南京大学博士研究生陈子军、刘伟伟、张微、阿斯哈尔，硕士研究生何湘萍、张静、陈蔚云、叶聪；撰写：狄小华。

务犯罪心理形成、发展、外化和衰退的规律，那么，就可以极大地提高职务犯罪的惩治与预防的针对性，增强职务犯罪的防治效果。正是基于这样的考虑，南京大学犯罪预防与控制研究所与南京市鼓楼区人民检察院，在多年深入调查研究医疗卫生系统、工程建设领域等职务犯罪的基础上，先行提出了以“控权”为核心的单位内部职务犯罪制度治理的系统构想。[①]但任何由人制定的制度，都必须由人去实施。面对制度的约束和各种利益的诱惑，为什么有的公职人员会滥用职权违法犯罪，而有的公职人员却能做到廉洁奉公？他们的抉择究竟受到什么样因素的影响？其中的心理机制又是如何呢？为了揭示职务犯罪人员微观犯罪心理活动的规律，我们在原有研究的基础上，以经验分析与实证调查相结合的方法，对职务犯罪心理及其防治进行了深入研究，以期抛砖引玉。

根据我国法律规定，公职人员的职务犯罪虽然涉及贪污贿赂犯罪、渎职犯罪和侵权犯罪三大类，但由于“以权谋私”、“权钱交易”是绝大多数职务犯罪的特征，即使看似与“私利”无关的渎职、侵权犯罪，也常常与受贿等犯罪相伴，因此，本研究重点聚焦于官员贿赂犯罪的心理。

与外显的职务犯罪行为的可观察不同，职务犯罪内隐的心理只能作“推测”。不过，这种推测绝不是主观的臆想，而是主观见之于客观的分析。为搜集尽可能丰富的心理分析所需要的

① 参见：《医疗卫生系统职务犯罪及其预防对策研究》，载《江苏社会科学》，2009（4）；《职务犯罪预防的权力控制机制研究》，载《法治研究》，2010（3）；《工程建设腐败犯罪及其预防对策研究》，载《检察研究》，2010（6）。

客观信息材料，课题组按照以下调查目的、内容和调查要求，进行数据和信息的采集。

（一）调查的目的

职务犯罪涉及内因和外因两个方面。就内因而言，包括他们的动力因素、调节因素、特征因素、心理状态和意识状态等。由于研究条件的限制，过去的研究大多只是对这些因素进行静态的分析，而缺乏动态的描述。因此，我们只能粗略地讲出职务犯罪人员的心理结构特征，却难以具体描述一个人犯罪心理形成、发展和外化的具体过程。如我们可以讲出职务犯罪人员有些什么样畸形需要、犯罪意识等，但我们并不清楚这些需要、意识是怎样形成，又如何推动犯罪行为发生的？为揭示职务犯罪的心理活动规律，掌握职务犯罪人员犯罪心理形成、发展与外化过程中的几个特殊环节的情况，我们特地组织了此次实证调查。

（二）调查的内容

为方便本次调查，我们拟定了初步的调查提纲。这些提纲中的问题都是开放性的，可结合下面调查的具体内容，并根据调查实际情况进行追问。

1. 受贿的动机是什么？动机是怎么形成的？在动机斗争过程中，哪些因素影响了行为人最终选择受贿？

2. 侥幸心理在动机斗争中起着重要作用，那么在职务犯罪人员身上存在哪些常见的侥幸心理？

3. 官员堕落的心理历程大致是怎样的？每一个阶段有些什么突出的心理特征？这些特征又是如何形成的？

4. 职务犯罪人员的需要是如何发生畸形的？畸形的需要有哪些特征和表现？这些畸形需要形成受到了哪些因素影响？

5. 职务犯罪人员在接受调查过程中的心理防御机制受到哪些因素影响？如何突破其心理防御机制？

6. 行贿和受贿是如何互动的？针对官员的防御心理，行贿人是如何一步步突破其心理防御而将其俘获的？

（三）调查的对象

本次调查的对象为因职务犯罪（不包括渎职犯罪）而在监狱服刑的罪犯。为确定调查对象，我们首先从有关部门获得了在押职务犯的名单，并按总数确定200份样本。为保证抽样的代表性，根据职务犯在各监狱的分布（主要考虑地区、行业、原有职位和犯罪数额），确定调查的监狱。在确定监狱以后，事先请监狱打印职务犯罪人员的名单，然后由课题组根据名单随机抽样确定访谈对象，以分监区为单位确定问卷调查对象。为避免重复，访谈对象不参加问卷调查。由于因行贿犯罪而在押的罪犯极少，本次调查对愿意接受访谈的3名行贿犯进行了访谈。

（四）调查的方法

调查方法分为面对面访谈和问卷调查两种。面谈事前根据本次调查内容准备了统一的结构化调查提纲，并组织调查人员事前熟悉调查内容。面谈时要求调查人员根据问答的情况，进行必要的追问，尽可能多地了解与上述内容有关的细节。访谈由老师、检察官和博士或硕士研究生组成的若干调查小组实施。每组有两人，其中有访谈经验的一人担任主问，另一人则主要负责记录。为确保访谈的顺利进行，是否同意接受调查及是否同意调查人员进行记录，事前要征得被调查罪犯的同意。同时，为打消职务犯的顾虑，访谈时管教干警不在现场参与。

调查问卷围绕以上相同的内容编制。基于统计的需要，在编制问卷时能够确定选项的，则尽可能编制选项；如果只能用开放式问题让调查对象回答的，则在调查后，根据回答的内容将相似答案进行归纳和统计。

考虑到职务犯罪人员的心理，有时是无法通过记录被访对象的回答来反映的，还常常可从对象的语气、语调及肢体语言中得以反映。为弥补单纯文字记录的缺陷，一方面，在个案访谈后要求访谈人员及时整理访谈内容，包括个人的印象。另一方面，在每次访谈后，要求访谈人员就个案情况进行讨论。

基于职务犯罪心理分析的需要，本研究报告还充分吸收课题组前几年进行的调查成果，并参考了多年来报道的典型职务犯罪个案，特别是陈晓舒、徐凯撰写的《高官贪腐录：120名省部级高官的腐败样本》[①]。

现将本次调查获得的情况报告如下。

---

① 参见陈晓舒、徐凯：《高官贪腐录：120名省部级高官的腐败样本》，载《财经》，2010（22）。

一、被调查对象的基本情况

根据以上设计和要求，本次课题组深入监狱对47名职务犯罪罪犯进行了面对面访谈，对近200名职务犯罪罪犯进行了问卷调查，共获得有效问卷150份。

（一）人员构成

1. 年龄分布

35岁以下的占6.10%，36—45岁的占18.29%，46—55岁的占40.24%，56—65岁的占32.93%。

2. 学历状况

最初学历：小学占1.34%，初中占12.08%，高中占28.19%，中专占8.72%，大专占25.50%，本科占22.82%，研究生占1.34%。

最后学历：小学占1.34%，初中占5.37%，高中占10.07%，中专占3.36%，大专占34.90%，本科占33.56%，研究生占11.41%。

3. 家庭出身

农民52.21%，工人20.59%，干部24.26%，个体户2.94%。

4. 原所属单位

行政机关占57.04%，国企占30.28%，事业单位占4.93%，其他占7.75%。

5. 工作年限

工作年限为5年以下的占2.42%，5—10年的占5.65%，10—20年的占12.90%，20—30年的占39.52%，30年以上的占39.52%。

（二）犯罪情况

1. 罪名分布

受贿占86.72%，贪污占29.69%，挪用公款占10.16%，职务侵占占4.69%，其他如非国家工作人员的职务犯罪占11.73%。①

2. 刑期分布

被判处5年以下徒刑的占7.69%，5—10年的占30.77%，10—20年的占50.35%，无期徒刑6.29%，死缓4.90%。（以下不包括本数，以上的包括本数）

3. 第一次受贿距离发案时间

第一次受贿距离案发时间3年以下的占19.82%，3—5年的占30.63%，5—10年的占39.64%，10年以上的占9.91%。

4. 发案情况

因举报案发的占62.12%，因牵连而案发的占27.27%，因自首而案发的占4.55%，因调查审计等发现的占6.06%。

① 以上数据总和超出了100%，是因为有的罪犯同时犯了数罪。

二、职务犯罪心理的构成特征

人具有两重性，即自然属性和社会属性，虽然自然属性是获得社会属性的基础和前提，没有人的自然属性也就没有人的社会性，但社会性才是人的本质属性。一个人由生物人成为社会人，必须经历学习内化适应社会所需要的知识、技能和规范的社会化过程。[①]一方面，社会在不断发展变化，适应社会所需要的知识、技能和规范也需要不断更新，因此，人的社会化贯穿一个人的终生。一个人如果不能适应社会发展，获得应有的知识、技能和规范，就会出现“不完全的社会化”。另一方面，社会环境极其复杂，一个社会既有被统治者倡导的主流的文化、价值、规范，也不可避免地存在非主流的甚至反主流的文化、价值和规范等。如果一个人学习内化了反主流的文化、价值和规范，则又会出现“错误的社会化”。作为有缺陷的社会化，不论是不完全的社会化，还是错误的社会化，虽然不是必然导致犯罪，但却是形成消极或不良心理因素的原因。正是这些存在于个性心理结构中的不良心理因素，在与环境中的消极因素进一步互动中，逐步形成犯罪心理结构，并推动犯罪行为的最终发生。[②]原为国家公职人员的职务犯，虽然存在少数“带病提

---

① 社会化是指人类在特定的物质生活条件下，通过与环境（包括宏观的和微观的）的相互作用，学习并获得作为一个合格的社会成员适应社会所必需的知识、经验、技能、规范、准则、生活目标、价值观念和行为方式等的过程。

② 罗大华主编：《犯罪心理学》，43 页，中国政法大学出版社，1997。

拔”的情况，但在经过层层遴选成为某一岗位的国家公职人员，甚至是领导干部时，他们中的大多数是优秀的。我们这里所分析的职务犯罪的犯罪心理特征，虽然是职务犯不良心理长期累积的结果，但他们从事公务或担任领导干部以后，面对各种诱惑，放松自我提升，是这些不良心理最终恶化为犯罪心理结构的主要原因。

“犯罪心理结构是行为人个性心理结构的一种特殊表现形式”，“是在个性中处在横断面的子系统，是个性心理结构中具有道德和法律属性的多种心理因素（缺陷）的总和。”[①]与所有犯罪心理结构一样，职务犯罪心理结构也由动力结构、调节结构、特征结构、犯罪人的心理状态和犯罪心理结构中的潜意识所组成，只不过以上五个构成犯罪心理结构的子系统的组成要素，表现出了与职务犯罪相关的特殊性。

（一）动力结构因素特征

由需要、动机、兴趣、理想、信念、世界观等组成的人的个性倾向性，是一个人进行活动的基本动力。职务犯的心理动力结构因素有以下特征：

1. 欲望恶性膨胀

人有物欲、情欲和权欲三种主要欲望。权力不仅能够满足掌握权力的个人对权力的欲望，而且可以带来物欲和情欲的满足，更重要的是，当以权力获得物欲和情欲的满足时，权欲的

① 罗大华主编：《犯罪心理学》，43 页，中国政法大学出版社，1997。

满足感会随之提高，而此时对权力的欲望也会变得更加强烈。调查发现，职务犯虽然原来的职务有高有低，但有一个共同的特点，即都掌握“绝对”的权力。犯罪前，他们或是单位“一把手”，或是部门的分管领导，或是部门的负责人，或是负责某一个项目或某一项工作的责任人，他们对大小不同的公务事项享有“拍板”或“说了算”的权力。而这种权力常常意味着升迁、挣钱等获得利益的机会，由此，掌握权力的各级官员也就成为一些人攀龙附凤的对象。面对金钱、美女、权力的诱惑，面对被排斥、被潜规则的压力，面对与有钱人或有权人交往产生的心理上的落差，私欲开始膨胀。在这次调查的职务犯中，他们的犯罪大多与因工作或业务需要而结识并成为“朋友”的老板有关。因有权而有更多机会结识有钱的老板。随着老板进入自己的交往圈子，比较的对象也就发生了变化，心理的不平衡也就越发严重，并最终被所谓的朋友的糖衣炮弹击中。

膨胀的私欲随着不断地被非法满足，就会持续恶化，并最终导致需要的畸形。从我们的调查和已经报道的一些职务犯罪案例中，不难发现：在畸形的情欲支配下，为了寻求刺激和新鲜感，有的养了多个情妇，还要嫖娼；在畸形的物欲支配下，为了满足敛财的快感，有的敛财几乎不分对象、时间，也不管多少。在畸形的权欲支配下，为了显示所谓的权威，甚至不惜打击报复挑战自己权威的人。

2. 理想信念动摇

理想信念是对未来的一种希冀、向往和追求，是支配和左右一个人活动的精神动力。多少革命先烈正是有了坚定的共产主义理想信念，才会不惜抛头颅、洒热血。在访谈中，我们惊讶地发现，职务犯罪虽然损害了政府形象，败坏了社会风气，甚至造成了人民生命财产的巨大损失，但仍有不少罪犯“心有不甘”，他们将自己这次犯罪被抓，或归结为“遭人暗算”，或自叹“命运不好”，或埋怨检举人“不够朋友”，或后悔自己当时主动交代“太天真”，或抱怨办案人员“逼得太狠”，很少有罪犯对自己犯罪所造成的危害而悔恨。在建设社会主义市场经济的新形势下，公职人员也是人，也有个人需要，因此关注个人的利益本无可厚非，但公权私用，以权谋私，触及的是道德或法律的底线。有的职务犯在犯罪时，就以滥用职权为荣，即使被判刑入狱仍不以职务犯罪为耻，可见他们作为公职人员应有的理想信念已经动摇，甚至完全丧失。一名公职人员倘若只关注自己的前途、子女的出路和小家庭的幸福，而漠视群众疾苦、政府形象及党和国家的前途与命运，那么，犯罪也就成为一种必然。

（二）调节结构因素特征

以自我意识为核心的个性的调节结构，通常由自我意识、道德意识和法律意识等构成，它对推动行为的动机或行为本身起着监督与调控的作用。职务犯不仅初始学历高，而且在任职期间还会接受各种形式的思想教育和文化教育。更重要的是，有些公职人员大多还肩负着行政执法或司法的重任，因此，他们的犯罪大多不是因为荣辱不分、是非不辨，或不知法、不懂法，而是与以下歪曲的自我和错误的认知存在密切相关。

1. 歪曲的自我

由于官场仍在一定程度上存在阿谀奉承的风气，少受监督的权力产生的“绝对权威”，不当的政绩评价导致的政绩虚夸等，因此，一些官员会因长期听不到他人对自己客观、公正的评价，尤其是听不到批评、反对的声音而导致自我意识的歪曲。正是歪曲的自我意识导致职务犯不能正确地认识、评价和调控自己的心理活动，从而走上了犯罪的道路。调查发现，职务犯普遍存在着以下歪曲的以自我为中心的自我意识：一是“我说了算”。普遍推行的民主测评，虽然极大地改变了官场的家长作风，但有的领导干部“我是一把手，我说了算”的自我意识仍极为严重，不仅听不进别人的批评建议，而且排斥异己，拉帮结派，有的甚至发展到“顺我者昌，逆我者亡”的地步。二是“我的贡献大”。职务犯中不乏曾是国企发展的元老，或主持某个项目的功臣，或是某个方面的专才，他们在荣誉面前由于不能戒骄戒躁，自恃劳苦功高而放松自我监督，还不愿接受别人的监督，以致荣誉加身之时，成了堕落的开始。调查发现，职务犯中有 62.67% 的人曾经获得各种荣誉与奖励。三是“我该享受的”。有的职务犯当官不是想着为民办事，而想的是如何谋一己之私。视买官为投资，受贿为投资回报；出门讲排场，吃穿讲档次，办事看票子，如此等等，公权被异化为个人特权。

2. 错误的认知

杀人、放火是犯罪，这是人人都知道的常识，但在过年过节、红白喜事时，接受别人数额不大的礼金，究竟是收礼还是受贿可能是专业问题，未必人人清楚。在调查中，我们发现职务犯中普遍对受贿等犯罪或败坏社会道德风气等存在着错误认知：一是肥私不损公。在回答“肥私不损公”的情况下，收取“朋友”不超过 5000 元的礼金算不算犯罪的问题时，30.67% 的罪犯认为不算犯罪，只有 4% 的人认为是犯罪。在很多职务犯看来，没有滥用职权，只是在规定范围给予方便，没有损害国家或集体利益，在业务上或工作上有联系的朋友过年过节送的礼不应该算是犯罪，由于这种错误的认知，一直到累积数额巨大被查处时才如梦初醒。二是收礼非受贿。76% 的人认为，过年过节时候送些烟酒、购物卡和代金券之类，是人之常情，礼尚往来。虽有 56.67% 的人认为收礼与受贿存在区别，但大多只能作形象上的区分，而无法对两者的区别作实质性判断。更有 18.67% 的人干脆认为受贿与收礼没有区别。这种错误的法律认知，导致行为人在收受别人财物时，缺乏内在的道德和法律意识的监督。三是“众贪我才贪”。收礼也好，受贿也罢，绝大多数职务犯认为这些行为在社会上很普遍，自己被抓获如同“隔着墙头砸砖头，砸到自己，只能自认倒霉”。当访谈人员对此进一步追问时，他们自己也不得不承认，这种“普遍受贿”只是一种感觉。然而，正是这种不正确的“感觉”，使得他们产生“众贪我才贪，受贿没关系”的侥幸心理。

（三）特征结构因素特征

包含气质、性格、能力三种心理因素的特征结构，属于个性心理的表层结构，主要反映个性心理活动稳定性的特点和独特的行为方式。调查发现，职务犯反映出明显的消极的性格特征，其中尤其以责任意识缺乏和侥幸心理最为突出。

1. 责任意识缺乏

廉洁奉公是人民公仆的道德责任，更是法律义务。不论是贪污受贿，还是渎职侵权，都反映了职务犯对社会、集体和他人责任意识的严重缺乏。这种责任意识缺乏，表现为为追求所谓的政绩，有的大搞劳民伤财的“形象工程”，对百姓疾苦漠不关心；有的大上破坏环境的“污染项目”，对百姓诉求置若罔闻；有的制造虚假繁荣，对发展中的问题视而不见；有的放弃监管职责，导致“毒奶粉”、“毒馒头”、“地沟油”等屡禁不止。如此等等，这种责任意识的缺乏虽然与当前“唯上”的官员任用和考核机制有关，但与当前严重的社会道德下滑也存在内在联系。

2. 侥幸心理突出

贪污受贿、渎职侵权毕竟是犯罪行为，为排除实施犯罪的内心阻抗，行为人在行为前多会经历或强或弱的动机斗争。调查发现，职务犯罪中存在着五种类型的侥幸心理，正是这些冠冕堂皇的“理由”，最终让他们选择了犯罪。一是经验性侥幸。看到他人贿赂未曾受到处罚，或自己曾有过这种经历没有出事，从而相信再犯一次也不会有事。一名原政府办主任在访谈中谈到，过去他自己也给人送过东西都没出事，相信自己拿了别人送的东西也不会有事。二是关系性侥幸。职务犯一方面认为自己与行贿人关系“铁”，其中 71.3% 的职务犯相信行贿人不会供出自己；另一方面认为自己不仅与上面领导关系密切，而且与司法机关熟悉，相信即使有事，也可化险为夷，或大事化小，小事化了。三是技术性侥幸。相信自己的受贿手段隐蔽，或先办事、后受贿，或蚂蚁搬家式的小数额“收礼”，或以假买卖、实贿赂等方式受贿，不可能被发现。四是暗示性侥幸。相信“手中有权，过期作废”，或相信有佛祖或祖宗保佑，长期的心理暗示，使自己的冒险心理变得强烈。五是认知性侥幸。也就是前面所提到的，职务犯普遍认为只要“肥私不损公”，拿别人主动送的钱就不是受贿；在大家都贪的情况下，自己贪一点也就算不了什么。对法律的认知错误会导致对行为性质的误判，从而严重弱化心理的自我调控。[①]

（四）职务犯罪的心态特征

心态，又称心理状态，是一定时间内心理过程和个性心理之间交融汇合的统一状态。[②]一个人的境遇可遇不可求，但一个人的心态则完全可由自己选择，为此，心态可以决定一个人的命运！我们在访谈中发现，职务犯在犯罪过程中常伴有某种持久的不良的心态。

人生不如意事，常十之八九。公职人员也会面临因升迁、受罚、人际关系、婚姻家庭等引起的挫折，产生不良的情绪。他们中的大多数虽然可通过自我调节消除这种不良情绪，但也会有一些人因心理素质、多重挫折等原因，而产生持久的压抑、

① 赵菲菲：《怀疑成部分国人生活方式，专家建议重建公信力》，http://www.sina.com.cn.2011年1月17日。

② 罗大华主编：《犯罪心理学》，51页，中国政法大学出版社，1997。

不满和情绪低落等，并导致自我控制能力的下降。调查发现，公职人员在面临下列情形时，更容易产生不良心态，并在这种心态的推动下，形成职务犯罪的动机。一是当仕途受阻，升迁无望时，一些公职人员会因感受到“失意”，而将原来争取晋升的努力，转化为“捞一把”的动力，逐步将心思放到以权谋私上。二是当比较失当，物质欲望增强时，一些公职人员会产生强烈的相对被剥夺感，并产生不满情绪，形成权钱交易的动机。在职务犯身边几乎都少不了常来常往的“老板”、“老总”、“朋友”，正是与这些有钱人的密切交往，改变了他们的比较对象，产生了强烈的相对被剥夺感，走上“官商结合，共同致富”的道路。三是当配偶责备，自尊心受损时，一些公职人员会不知不觉地按“枕边风”捞钱，或放任自己的亲属以权力影响“挣钱”。四是当人际关系紧张，特别是家庭不和时，有的公职人员由于需要精神的慰藉，而更容易被情色所俘获。而一旦生活出现“越轨”，就会出现入不敷出或欲罢不能的情况，为维持这种情况，权力被滥用也就不可避免。职务犯背后常有情妇、“小三”的身影，就是这种情况的例证。五是当各种荣誉加身，或觉得自己立有“大功劳”时，有的公职人员会出现“忘乎所以”的心理，或该享受享有的心态，从而放松要求，逐步走上犯罪道路。

三、职务犯罪心理的演变过程

公职人员，特别是其中的领导干部，绝大多数经过层层选拔才脱颖而出，因此，他们通常具有较高的心理、文化和政治素质。即使他们中的少数人今天成了罪犯，我们仍然不能否定他们过去对国家、社会所作的贡献。然而，这些曾经的优秀分子究竟是怎样蜕化变质的呢？拥有一定权力的公职人员，虽然常常要面临金钱、美女、权力的强烈诱惑，以及人情、权力的压力，但与这些诱惑和压力形成对抗的是道德的谴责、法律的制裁，甚至是刑罚的惩罚，为此，公职人员犯罪一定会经历一个复杂的心理演变过程。下面，我们以贿赂犯罪为例，对贿赂犯罪过程中，贿赂双方的心理演变进行分析。

（一）初识阶段

在职务犯罪中，行贿人虽然都被受贿人称之为“朋友”，但有 72% 的职务犯承认，这些朋友都是在工作或业务往来中结识的，其中 7.3% 的职务犯承认还是通过原来熟识的人介绍认识的。那么，他们认识之初是否就进行权钱交易了呢？回答是否定的。绝大多数公职人员由于认识到收受贿赂涉及犯罪，因此在与行贿人初识期间，对行贿普遍抱着谨慎态度，甚至存在反感的心理。数据显示，这些职务犯当第一次遇到行贿时，有 65.33% 的人采取了拒绝态度，有的职务犯甚至当着行贿者的面将所行贿的物品扔出了门外。而他们之所以拒绝，按他们自己的说法，一是刚当上一把手，害怕违反法律而丢官；二是朋友，不好意思接受；三是陌生的人，因为没有深入的交往，而且自己在物质方面也不需要接受他人的送礼等。只有 10.67% 的人承认自己没有拒绝别人对自己的第一次行贿，原因是数额小，是一些小恩小惠，觉得没有关系。

当一名公职人员因履行职责所需，而掌握信息提供、决策、自由裁量和制度供给等权力资源时[①]，很快会成为必须与此权力打交道或想从这些权力资源中获得利益的各类人员追捧或公关的对象。对于行贿一方来说，结识公职人员的目的虽然都与利益有关，但动机却是各不相同的，有的是出于对公权或公职人员的不信任，因担心在正常办事时受到刁难，合法利益受损害而行贿；有的是在明知按正常途径无法获得利益时，企图通过行贿获得公职人员的额外照顾；有的则是在按正常途径获得利益后，出于对公职人员的感激而行贿，当然其中也包含着今后给予关照的意思。在“官本位”思想仍然严重、权力崇拜观念依然强烈的现实背景下，对于很多有钱而无官位的人来说，能够与各级官员交上朋友本身就是一种无形的社会资本。由此，结识掌握实际权力的各级官员，也就被戏称为一种类似股市的投资：投资有发展前途的年轻公职人员，被称为是“潜力股”；投资握有实权并愿帮忙办事的公职人员，被称为“绩优股”。随着反腐败力度加大，职务犯罪被抓风险提高，所以越来越多的贿赂不再是“一手交钱，一手办事”，而是进行长期的感情投资，以“水到渠成”的方式进行交易。

不论投资“潜力股”还是“绩优股”，作为投资人的行贿方，看中的还是公职人员手中的权力。如果说相互认识可能是

---

① 金太军、袁建军：《政府与企业的交换模式及其演变规律——观察腐败深层机制的微观视角》，载《中国社会科学》，2011（1）。

各种机缘，那么，为获得权力资源的“照顾”的主动结识，则是一种有意识的安排。所以，公职人员一旦有权，门庭若市的景象便会很快出现，多年不联系的同学、同事、朋友来了，平时不怎么走动的远亲来访了，更有不认识的人通过各种途径也找上门来了，但不管是过去已经认识的，还是新认识的，为“办事”而结识，只是贿赂犯罪发生的必要铺垫。

（二）试探阶段

为“办事”而结识公职人员，行贿方虽然不一定一开始就“言明来意”，但公职人员却是“心知肚明”的。基于党纪国法、个人前途、社会影响等各方面的考虑，绝大多数公职人员对别人的“请托”都会划出一条红线。鉴于复杂的“人情关系”，有些公职人员会答应在不违反法律、政策的前提下帮忙，而对于可能违法犯罪的“帮忙”则会以各种形式拒绝。但也有少数公职人员会对他人的“请托”以模糊的语言给予答复，从而使双方为可能的权钱交易而继续进行试探性交往。试探表明双方存在交易的意愿，但又缺乏必要的信任。在对对方的了解尚不够充分，相互的信任尚未建立起来的情况下，试探阶段的交往也就具有了试探摸底以增进相互了解的意图。作为促进关系的润滑剂，行贿方会以各种名目请吃饭、请参加娱乐活动或馈赠价值不高（这种贿赂双方认为价值不高的礼物，会随着生活水平、物价水平等的提高而水涨船高）的礼物、现金卡等。而受贿的公职人员虽然心存顾虑，但会以价值不高、人情往来的说辞等，在“半推半就”中收下礼物。76% 的被调查对象在这一阶段收受了以烟酒、购物卡和代金券为主的礼物，并认为这些都是在过年过节时候送的，是人之常情，礼尚往来，相互馈赠。

公职人员拥有的权力资源构成了对行贿人的巨大诱惑，即使初次行贿遭到拒绝以后，行贿人仍会改变策略，想方设法接近他们。他们常采取的方法主要有：一是“以诚感人法”，采取门口守、路边候等方法，以不被召见不罢休的“缠劲”来“打动”公职人员；二是“迂回法”，在送礼遭拒后，采取间接留置、找夫人或公子送礼等方法设法将礼物送出去。访谈中职务犯感慨最多是“礼物退不回去，没办法”；三是“施压法”，在以送礼直接接触无望的情况下，设法找到送礼对象的上级或对其有影响的人打招呼，在这种人情或官场“压力”下，通常能够很快被“召见”；四是联络感情法，在直接送礼无效的情况下，行贿人会关注送礼对象的兴趣、爱好等，改变接近方式，以长期的感情投资博得对方的信任。不管采取何种方式，一旦建立起联系，行贿人就会找各种机会送上价值不是很高的礼物，而公职人员则由拒绝到难以拒绝，于是“半推半就”地收礼也就成了交往中的常态。

随着这种“礼尚往来”次数的增多，受贿公职人员原有的戒心会逐渐放松，开始以朋友相称。随着相互信任的提高，有些公职人员也不再满足于被动式收礼，在需要钱时也会向所谓的朋友“借”钱，相互关系也由试探进入交易阶段。不论是从一开始就想“捞好处”的，还是由最初的被动逐步转向主动收礼物的，职务犯处于这一阶段时的心理主要为两类：一类是以寻租的心态，主动物色安全的交易对象。这类人大多曾有过腐败经历，试探性地与行贿人交往，关注的是新的权钱交易的安全性；另一类是起初以被动的应付心态进行交往，在交往中被行贿人的“情”或“礼”所打动，并逐步产生以权谋私的念头。此类人多为初次腐败，顾虑多，因此达到“相互信任”或进入交易所需要的互动时间也会更久。

（三）交易阶段

一方以行贿之“小利”获取权力给予的“方便”，而这些“方便”可直接或间接得到较行贿大得多的利益；另一方则以追求公益的权力换取个人私利，为此，贿赂双方都有利可图，仍是职务犯罪权钱交易的本质所在。试探并交“朋友”，目的是为了建立信任，降低风险并使交易得以成功。在交易阶段，职务犯仍然关注交易的安全性，因而对“怎样帮忙”和“如何拿钱”成为他们最费思量的事情。利用权力帮助行贿方获取利益的方式，主要有以下特点：一是结伙，以拉大家一起下水，避免暴露。随着反腐败力度加大，以分工制约为内容的监督也得到了加强，在难以一个人说了算的情况下，最安全的方式是拉涉及相关权力的人都下水。当然，加强内部权力的分工制约，由于加大了腐败的成本和难度，无疑有利于抑制职务犯罪。但当高级别的官员统领分享权力的下属一起腐败时，腐败的危害将加剧。近年来，串案、窝案的增多无不与此有关。二是隐蔽，以暗箱操作避开监督。阳光是最好的消毒剂，权力运行的条件、程序等公开，是各种监督行之有效的前提和保障，因而也是防止职务犯罪最有效的途径。当然，对于企图以权谋私，又想设法逃避惩罚的腐败官员来说，暗箱操作也就成了其逃避打击的最好途径。三是掩饰，以“合法”的形式掩盖非法行为。近年来，随着政务公开、法务公开等推行，越来越多的权力得以在阳光下运行。然而，阳光的照射也存在死角和时间差，尤其还可以用不能消毒的“人造光”遮掩耳目。如，有的钻制度的漏洞，有的泄露早一步掌握的信息，还有人以虚化程序等方式，让权力的滥用披上了“合法”的外衣。四是虚伪，以勤政廉洁的表象掩盖。在选择腐败方式以满足安全需要的同时，很多职务犯还会表现出鲜明的“双面”人格，即内心想的与外在做的自相矛盾。有的台上高喊反腐倡廉，台下则鸡鸣狗盗；有的台前给人清正廉洁的形象，台后则肆无忌惮地收受贿赂，如此等等，这些虚伪的表现，反映了他们既贪婪又惶恐。

对职务犯而言，交易的安全不仅在于怎样掩人耳目地“滥用职权”，而且在于如何安全地获得与自己“贡献”相当的利益。交易双方由于信任程度、需要帮忙事情的大小、是否持续交易等情况不同，因此，从行贿方角度看，交易可以区分为以下不同的类型：一是投资收益型。主要表现为行贿方先在没有请托事项的情况下，以各种形式单方面给予另一方利益，在时机成熟并需要时，以明示或暗示的方式，请受贿人办事。而受贿方在“拿了人的东西手短”，或都是“朋友”就应该帮忙的心态下，则会“尽力而为”。这类投资收益涉及的单笔受贿数额一般不会很大，因为这种投资是与建立信任的试探并行的。如果行贿方托办的事项重大，交易又会按后面的方式进行。二是约定分成型。在建立信任以后，涉及一些重要的交易，双方会约定事成后按一定比例分成。但这种约定大都只是口头的，甚至是不言而喻的。少数以合法形式作掩盖的，则会有书面协议。三是办事交钱型。这类交易大多发生在一次性请托事项中，同时双方信任尚未达到“朋友”的程度，并且受贿方的权力具有某种“临时性”的特点。四是事成回报型。原来关系比较好，或经长期交易已经建立信任关系，特别是对受贿仍较谨慎的，多会采取事成后回报的方式受贿。不论以上何种交易类型，行贿人为消除受贿人收受贿赂的担心，也会变着法子选择让对方放心的方式行贿，除常见的红白喜事送礼、分股、安排出国等，还有陪赌时故意输钱、抬高价格拍买官员艺术品等，手段呈现出不断翻新的趋势。

交易成功后，受贿方对“来历不正”的钱财，既欣喜又害怕。为此，怎么用和怎么存这些钱财也成了他们不得不考虑的难题。除用受贿的钱财买自住房、支付子女出国学习等常态消费，职务犯很少会“露富”。而对暂时用不着的钱，则会以他人名字存银行、买房产，委托家人、情妇保存，挖地、挖墙洞埋藏等各种方式确保安全。

（四）结盟阶段

行贿方看中的是官员手中的权力可获利，而受贿方看中的是行贿方可使自己手中的权力变现。基于各自的利益，他们由相识、试探到交易。但一旦存在权钱交易，贿赂双方就会产生相互的依存关系，一方面是利益依存，即任何一方若要继续获利，则需要依靠对方。尤其是从安全的角度，对于任何一方来说，跟熟识并交易过的人交易是最经济也是最安全的；另一方面是安全依存。行贿和受贿都是违法犯罪行为，任何一方出了事，对另一方都是不安全的。利益的依存会促使他们继续交易，而安全的依存也会强化他们的交易需要。有些情况下，受贿一方在受贿数额大了以后，会因害怕暴露而产生想收手的念头，但如果行贿方仍希望对方为自己所用时，有的受贿方就会产生“被绑架”的感觉。调查发现，有 11.11% 的职务犯承认曾产生这种感觉。为此，在具备以下三个条件时，贿赂双方就会形成真正的利益共同体，长期进行贿赂犯罪，有的甚至可能发展成为滥用职权型的犯罪集团。一是长期进行权钱交易，并没有被揭露；二是因双方长期从交易中获利，而使双方欲望膨胀；三是权钱交易所必需的权力，没有随受贿一方的退休、转岗等变动而变化。

结盟不仅意味着相互依存关系固化，而且标志着双方各自将对方看作是“绑在一根绳子上的蚂蚱”，相互信任达到了空前的地步，以致后续的犯罪会变得肆无忌惮。为确保安全和获取更大的非法利益，处于结盟阶段的双方会以各种方式拉拢更多官员下水，并在此基础上不断扩大交易范围，编织更加严密的安全网。

（五）暴露阶段

受贿犯罪由于主要是发生在贿赂双方之间的交易，具有极强的隐蔽性，而且受贿和行贿都是违法犯罪行为，具有风险的共担性，因此被揭露的可能性比较小。从查处的职务犯罪情况看，受贿一类职务犯罪主要是通过以下途径暴露的：一是行贿方揭发。情形之一是在己方利益受损时，如收了钱不办事或没有办成事、排斥老客户而与新客户进行交易等，行贿方会在报复心理的支配下，主动揭发自己行贿的官员。情形之二是在因其他事情被查处时，会出于明哲保身心理，为获得从轻、减轻或免除处罚，主动配合反贪部门检举受贿官员。通常在由行贿人揭发的案件中，后一种情形更为常见。二是受贿方坦白。主要有两种情形：其一是在受贿过程中，受到警示教育、亲友规劝等影响，产生强烈的内心冲突，以致焦虑、紧张而吃不香、睡不好，为求得内心平静而主动向有关部门坦白罪行，不过这种情况比较少；其二是在被查处违纪或其他犯罪时，出于获得从宽处理或害怕抗拒从严的心态，主动交代了自己的受贿罪行。三是职能部门查处。权钱交易所获得利益固然诱惑巨大，但一旦暴露，不仅已经获得的利益要打水漂，而且还会受到剥夺自由、甚至生命的严厉惩罚。因此，在权钱交易的整个过程中，确保交易的安全是贿赂双方特别是受贿方最为关注的。当然，在事情暴露后，绝大多数涉嫌受贿犯罪的嫌疑人或被告人，会在各种侥幸心理支配下，千方百计地抗拒。然而，最为隐蔽的交易也会因以下原因而暴露：首先，权力的滥用会因破坏规则、造成损害后果而留下痕迹；其次，权钱交易的成功会让交易双方松懈，甚至变得疯狂，从而作茧自缚；第三，同在一个时空条件下工作和生活，监督意识逐渐增强的群众，会让职务犯罪变得无处藏身。为此，最为顽固的职务犯在事实和证据面前都不得不低下高昂的头。

（六）改造阶段

职务犯在被查处的过程中，会随着程序的进程而产生逃避、免罚、减轻或从轻的想法，当各种幻想一步步落空，法院的判决使自己的命运尘埃落定时，他们的心态如打翻了的五味瓶，实在不是滋味。想到检举自己的行贿人，悔恨交加。悔不该结识这种人，恨他们“不够意思”；想到因自己受难的家人，忧心忡忡，愧疚难抑；想到自己的犯罪，先是对判刑愤愤不平，而后以命运不好宽慰自己，最后绝大多数会以积极态度争取早日获得自由。

四、职务犯罪心理的外化模式

职务犯不论是在成长过程中形成的不良心理因素，还是在担任公职人员以后放松改造形成的不良心理因素，由于这些不良心理因素既构成了他们继续社会化的心理活动的基础，又是推动职务犯罪行为发生的内在动因。因此，要有效治理职务犯罪，不仅要了解他们不良的个性心理结构因素特征，而且要掌握他们犯罪心理的演变过程，更要认识他们的犯罪心理是如何外化为犯罪行为的。犯罪心理外化需要具备三个条件：一是在外部消极因素的作用下，累积了一定量的不良心理因素；二是已经累积的不良心理因素在不良刺激下，组成足以推动犯罪行为的犯罪心理结构；三是又在特定的条件和不良环境刺激下，内在犯罪心理结构外化为犯罪行为。根据回溯性的访谈调查，按照职务犯收受贿赂的主观意愿和受贿的情境，我们将职务犯罪心理的外化区分为被动、主动和自动三种模式。由于职务犯罪的查处可以发生在权钱交易的不同阶段，因此，就职务犯而言，他可能经历了三种模式，也可能仅经历了一种模式。

（一）被动模式

被动模式，是指在贿赂犯罪中，受贿方对于行贿，在心理上存在不想收，但行为上具有某种不能不收的一种情形。这种受贿模式，大多存在于职务犯掌权的初期。对于别人的贿赂，职务犯的被动受贿可具体表现为以下几种情况：一是内心不想收，而且在行动上也给予过拒收，但后来在行贿人的反复“纠缠”下，如留置礼物、托人转交等，又事实上收下了礼物。通常这种收礼数额不会很大，但这种缺口的打开，却对职务犯后来的受贿起着重要的作用；二是内心确实不愿意收，但拒绝数额不大的礼物又顾虑得罪人，于是也就不情愿地收下了礼。拒绝别人的礼物，意味着拒绝帮忙。这种情况发生在并不熟识的人之间并没有什么，但如果是拒绝亲戚朋友，特别是经上级或重要的人介绍过来的人的礼物，常常意味着不认亲朋，不给面子，有可能给自己带来关系上的一系列麻烦。因此，职务犯起初的心理防御大多是在这种情况下被打开缺口的；三是曾经主动受贿，但后来感到害怕，想尽早收手，于是在心理上产生不愿继续受贿的想法，并从行动上对行贿人表达了这种意愿，但在行贿人威胁利诱下，害怕今后出事很快被“不合作马上就会出事”所替代，接着更加紧密的交易合作又会取代“不愿再干”

的收手想法。

在被动模式下，受贿人的犯罪心理尚处于雏形阶段，还很不稳定，它普遍存在于与行贿人处于初识阶段的受贿人中。此时，职务犯大多已经握有行贿方所需要的权力，但尚未产生以权谋私的明确动机，或虽然有这种动机，但还没有用权力为对方办事，且收的礼物通常数额也不是很大，因此，是阻却犯罪心理恶变的关键时期。被动收受贿赂模式，同时也表明绝大多数职务犯起初都有较强的防御自己堕落的心理机制，而这种机制的弱化或消失，是贿赂行为的不断刺激导致的需要膨胀及其侥幸心理的加强所造成的。

（二）主动模式

主动模式，是指在贿赂犯罪中，受贿方在以权谋私的动机推动下，主动利用自己的权力为行贿方谋利，并心安理得地收受行贿方的好处，甚至不惜以明示或暗示方式索要贿赂。与被动模式不同，主动模式下，受贿人不仅心理上存在权钱交易的明确意图，而且在行为上表现出：用自己的权力帮行贿方牟取利益和收受贿赂或索取贿赂。主动模式大多发生在经过一定时间的交往，已经相互熟识，甚至已经成了“朋友”以后。但在少数个案中，也有贿赂双方并不很熟识，只是互有需求而很快达成共识进行交易的。这种几乎是一种陌生人之间的交易，是基于腐败这一隐蔽的市场存在着潜规则，谁破坏这一规则有可能无法立足其中，就别再想发财。因此，这种交易常发生在双方都熟悉这种规则的腐败老手之间。当然，也有极个别的案子中，偶有权力的官员或欲望强烈，或觉得机会难得而不顾风险，饥不择食地与并不熟识的人进行权钱交易。

受贿进入主动模式状态，表明受贿人已经形成稳定的犯罪心理结构，并且这种犯罪心理结构的外化，不仅可发生在找上门来的权钱交易机会中，而且常发生在主动创造条件的寻租中。主动模式表明职务犯已经完全认同以权谋私的做法，并积极主动地实施以权谋私的违法犯罪行为。如前所述，受贿犯罪虽然可以获得利益，但同时面临刑罚惩罚的风险，因此，职务犯在犯罪前都会进行激烈的动机斗争。职务犯在由被动受贿向主动受贿的转变过程中，不断强化的侥幸心理起着关键作用。随着滥用职权行为的重复，受贿次数增多和数额变大，职务犯的心理恐惧也会与日俱增。那为什么职务犯还会选择继续犯罪呢？原因就在于各种侥幸心理轻易地化解了逐利与受罚的内心冲突，为其实施犯罪找到了合理的借口。而借口的多少，侥幸心理的强弱，又常与其犯罪持续的时间、犯罪的经验等成正比。

在主动模式下，职务犯虽然形成了较为稳定的犯罪心理，并在持续进行着权钱交易，但敏感的神经仍会绷得紧紧的。每听到腐败官员被抓的消息，每接受警示教育或有他人的劝告等，他们的腐败行为都会有所收敛，但随着时间的推移，侥幸心理仍会占据上风而继续违法犯罪的冒险生涯。

（三）自动模式

自动模式，是指在受贿犯罪中，职务犯在强烈或畸形的权欲、物欲或情欲的推动下，以权谋私几乎成了不受意识支配的自动行为。受贿进入自动模式，表明职务犯的犯罪心理结构出现固化，不仅认同并积极实施以权谋私的违法犯罪行为，而且完全内化为一种行为方式，成为个人生活方式的组成部分。在现实生活中，自动模式常有以下表现形式：一是没有好处不办事，有了好处乱办事，职权的行使随心所欲，已经全然不受规范控制。二是工资基本不用，个人花销全有人支付或报销；有的长期包养情妇，有的甚至还包养多人。三是受贿不管对象，不问情由，更不知收了什么，收了钱财多少。受贿已经不知为什么，只关注数字。有的甚至已经不单纯为钱财，而是享受受贿之“乐趣”。自动模式多出现在贿赂结盟阶段，此类职务犯通常权位较高，且享有几乎不受监督的绝对权力。

在自动模式下，一方面，滥用权力与受贿行为经过不断反复，已经进入无意识的自动状态，职务犯自身的心理控制已经完全失效；另一方面，由于长期腐败未被揭露，牵涉的人会越来越多，并逐步形成了利益共同体，盘踞于某一区域或领域，职务犯外在的控制也很难发挥作用。由此，职务犯对违法犯罪的恐惧消失，犯罪会不断升级，甚至向带有黑社会性质的犯罪发展。

自动模式的出现，标志着职务犯罪升级，危害加剧，打击控制越发困难重重。

五、职务犯罪心理的演变规律

世上从来就不存在天生的犯罪人，这些曾经的公职人员或领导干部，不仅多是经过层层选拔出来的优秀分子，而且他们也曾在各自的岗位上为国家和人民做过不少好事，那么，他们是如何一步一步蜕变成为犯罪分子呢？从贿赂犯罪中行贿与受贿双方互动过程中我们不难看出，虽然有的职务犯因罪行败露早，可能没有经历后来的犯罪心理发展阶段，但他们的堕落似乎遵循着几乎相似的心理轨迹。

（一）需要由常态到畸变的演变

需要是有机体内部的一种短缺或不平衡状态，表现为有机体对内外环境的欲望或要求，反映了作为主体的人与自然、社会、他人的互动、摄取关系。由于“人的本质属性主要就表现在人的需要中，人的需要是人的众多属性中最基本、最一般的属性，也是人的各种规定性中最原质，最根本的规定性”[1]，人的需要是解释人类行为，包括犯罪行为的合理根据。

从对需要的定义可以看出，从一般意义上说，需要本身无所谓好与坏，当我们将人的需要与犯罪联系起来时，主要有两个方面：一是需要的内容与程度是否恰当。从需要的内容上看，当一个人的需要完全超出了社会主流价值允许的范围，或超过

① 邵名正等：《罪犯论》，59页，中国政法大学出版社，1989。

其自身的能力和条件范围，我们说他的这种需要出现了畸形；从需要的强烈程度看，当一种需要强烈到让主体完全失去控制能力时，我们称之为强烈的需要；二是满足需要的对象和手段是否符合法律。当一个人的需要产生以后，就会寻找满足需要的对象，选择满足需要的手段，而不论对象还是手段，都必须是法律允许的，否则构成违法，甚至犯罪。常态需要的满足，如果对象和手段选择错误，虽然可以直接导致违法犯罪，但过于强烈和畸变的需要，则更容易甚至有时必然要通过违法犯罪的手段才能满足。为此，职务犯需要的变化，能够一定程度上揭示其蜕变的规律。

公职人员，特别是党员干部，虽然有较普通老百姓更高的道德要求，但他们也和其他人一样有正常的需要。但正如习近平总书记所反复强调的：当官不要以钱为念，要以理想为基础。“不要看到经商发财而感到怅然若失……如果觉得当干部不划算，可以辞职去经商搞实业，但不要既想当官又想发财，还要利用手中权力谋取私利，官商结合必然导致官僚主义。”职务犯以权谋私无疑是违法犯罪行为，但这种行为的动力起初多产生于常态的需要。受访职务犯在回答受贿的钱主要做什么用的问题时，45.92% 的人回答主要用于平时花费、退休后用、投资、买房子等，虽然还有 50% 多的罪犯选择了没有考虑做什么用，但从他们受贿的过程及其受贿后的心理判断，他们绝大多数还是基于常态需要而受贿的。

职务犯需要的畸变，通常经历以下历程：掌握权力——受到诱惑——欲望增强——选择手段——动机斗争——侥幸心理——选择权钱交易——钱财来得容易——欲求变得强烈——以权谋私手段强化。职务犯的畸变需要通常表现为：一是某一种需要由常态变得特别强烈。如在外部刺激下，对钱财、色或权力等某种欲望变得异常强烈，以致开始动用机体的全部能量来寻求满足。二是由某种强烈欲望的暂时满足，进一步引起其他强烈的欲望。如有的职务犯有了钱就开始找情妇，情欲开始变得强烈。反过来，为了满足情欲，要供养情妇，又不惜贪财。三是以权谋私若不断能获得欲望的满足，则职务犯会逐渐认同违法犯罪手段，使原有的道德、法律意识难以发挥检查作用。职务犯需要畸变的原因，在于其职位的变化，其生活的微观环境也随之变化。诱惑增多，欲望增强，机会又不少，加上以权谋私成本不高等，必然导致其欲望的不断变化，甚至畸变。

（二）心态由失衡到病态的演变

当一个人的需要得不到满足时，就会产生挫折感，出现心理失衡状态。正常情况下，这种心理不平衡会随着问题的解决，或心理的调整而逐渐恢复平衡。心理失衡既可成为某种行为的动力，也可起到提示主体心理调整的警示作用。正常心理应当处于一种由不平衡到平衡，再由平衡到不平衡的动态平衡状态。

职务犯由于犯罪持续的时间长短不同，被揭露的迟早也不一样，因此，他们未必都产生病态心理，但一个职务犯犯罪心理演变的一般规律为：由心理失衡到病态心理。换言之，职务犯犯罪之初都存在着某种原因引起的心理不平衡，这种心理不平衡助推他们以权谋私，而一旦以权谋私，不仅原来失衡的心理没有随着权钱交易的成功而获得平衡，新的心理不平衡又会出现，以致错综复杂的、持续的心理失衡，最后导致他们病态心理的出现。

如前所述，职务犯起初的心理失衡，可能来之于比较对象失当，如跟“老板”接触多了，总与“老板”比财富，结果越比心理越不平衡；官场失意，如受到排挤等不公正对待，结果越想越提不起工作的热情；生活失趣，家庭关系失和，子女教育失败等问题，心理烦忧，觉得生活无趣，如此等等。其实，这些可能导致心理失衡的原因，在普通人和廉洁奉公的公职人员身上也会出现。而之所以职务犯会因这种失衡心态逐步走上违法犯罪道路，是因为他们的心理失衡，长时间找不到合适的平衡方法，引发了他们情绪的焦躁不安，甚至导致吃不香、睡不安等情况。在这种情况下，人的思维会变得狭窄，自我调控能力会下降，此时，若又遇上色相勾引、钱财诱惑或他人拉拢等特殊情形，官员的堕落也就不可避免了。

色相、钱财等虽然能让处于心理失衡状态的那些官员暂时淡忘失衡引起的不快，但只要失衡的心理原因没有消除，失衡的状态会依然维持。更为严重的是，随着以权谋私行为的实施，欲望的强烈以及对刑罚的恐惧等，又会引起新的心理失衡。如同拉直的弹簧无法恢复原状一样，持续的、叠加的心理失衡，最后使职务犯完全失去自我恢复心理平衡的能力，以致只能求助于自我麻醉或自我欺骗的方式，寻求内心的宽慰。随着职务犯越陷越深，他们会越来越相信天命、鬼神、菩萨等，烧香求菩萨、求祖宗保佑成了他们生活的一部分；越来越缺乏理智，为了自己的欲望已经全然不顾自己的身份、职责；越来越神经过敏，有的听到与犯罪、监狱、法庭有关字眼就会大惊失色。也有的麻木不仁，教育、警示对其没有作用，更有甚者为了满足自己的一己私利，不惜雇凶伤害、杀人。

（三）行为由被动到自动的演变

和一般动物的刺激反应行为模式不同，经相同的刺激，每一个人的反应行为未必相同，其原因就在于每一个人内在的心理活动不同。作为理性的人，做什么事都会进行一番“利弊计算”，尽管有时人们并没有清楚地意识到。职务犯采取以权谋私的犯罪手段，满足个人物欲、情欲和权欲，由于可能受到严厉的法律惩罚，因此，渴望通过滥用职权牟取私利与担心滥用职权受到法律制裁的矛盾心理贯穿其腐败始终。滥用职权既有收益，又存在风险，干与不干必然要进行激烈的思想斗争，而最后的选择又主要取决于以下几方面的因素：一是欲望的强烈或畸变情况，欲望越是强烈，需要畸变越是严重，滥用职权这种风险高，同时收益也高的手段就更容易被选择；二是侥幸心理越是强烈，或冒险犯罪的合理借口越多，则具有冒险特征的滥用职权行为就越容易发生。如果说欲望强烈或畸变是一种吸引职务犯滥用职权的力量，那么，侥幸心理则是消除阻碍其滥用职权的一种力量，这两种力量虽然作用原理不同，但却是同向的，因而可以形成合力共同推动职务犯罪的发生；三是滥用职权被查处的概率越低，或被查处的时间越迟，或滥用职权所获得的私利越大，那么，职务犯选择以权谋私的可能性也就越大。当然，如果这几种情形同时出现，也会对职务犯选择滥用职权起到心理倍增效应。这种情形如果反过来，则会促使职务犯放弃以权谋私。

受贿类职务犯的行为由被动、主动到自动的演变，包含着相互联系的三个层面的演变规律：第一个层面是心理变化规律，揭示了职务犯犯罪心理产生、发展的规律。被动表示心理冲突激烈，但阻止以权谋私的力量较强；主动表示对以权谋私的利益渴求已经超过了对滥用职权可能受罚的恐惧；而自动则表明以权谋私已经完全成了一种生活方式，内在的调控失效。这种变化反映了心理逐步恶化的过程。第二个层面是行为的变化规律，揭示了职务犯犯罪行为逐步习惯化的过程。随着以权谋私行为的不断反复，行为不断得到强化，最后成了一种习惯。第三个层面是贿赂双方的互动规律，揭示了贿赂双方通过权力与物质、色相等交易，心理上相互认同，行为上相互认可，利益关系趋向紧密的过程。以上三个层面，以双方心理行为互动为媒介，影响到职务犯的心理和行为的变化，构成了一个有机的整体。只是限于篇幅，本文不再对行贿方的心理、行为变化进行详细分析。

六、职务犯罪的心理防治建议

任何个体的犯罪都经历一个由外部不良因素内化为心理不良因素，经过量的积聚而发生质的变化，形成犯罪心理结构，再由犯罪心理结构外化为犯罪行为的一个过程。因此任何发生在短时间内，甚至瞬间的犯罪行为，都能找到影响这一行为的内在心理和外在环境因素。如前所述的构成犯罪心理的不良心理因素，有的是职务犯成为公职人员之前就形成的，有的则是他们成为公职人员，甚至领导干部以后才产生的。社会环境的极其复杂化，每一个人都不可避免地受到环境中不良因素的影响，形成或多或少的不良心理因素，即使是廉洁奉公的人民公仆也不例外。倘若能够通过公民教育，从小树立国民的法治意识、社会责任和廉洁自律习惯等，通过育人，培养公民健全的人格、良好的心态，固然可以有效地从本源减少犯罪，包括职务犯罪，但就当前职务犯罪的防治而言，以上对受贿类职务犯罪心理的分析，揭示了这样一个事实：即职务犯中的绝大多数曾经都很优秀，但随着地位的提升、权力的扩大，他们所面临的诱惑或不良刺激剧增，本能或社会性的欲求迅速被激发并趋向膨胀，原有的人生观、价值观、道德和法律意识，在不当比较形成的失衡心态下，不断受到来自潜规则、现实挫折、社会病态心理等冲击，最后在日益增多并不断强化的侥幸心理作用下，终于迈向了犯罪的深渊。为此，要有效地遏制职务犯罪的发生，在把好公职人员及其领导干部入口关，强化规范、监督，控制腐败环境和条件的同时，从心理防治的角度，我们提出以下建议。

（一）反腐教育需要入心入脑

随着反腐败力度的加大，各地反腐教育也呈现出百花齐放的局面，应该说产生的效果也是明显的。但我们从本次调查也发现，几乎所有调查对象都曾接受过形式不同的反腐败教育，但他们普遍认为反腐教育流于形式：教育一味指责犯罪人品质差，很少具体分析导致犯罪的原因；泛泛而谈如何预防职务犯罪，缺乏指导受贿后如何中止的方法；空洞地说要廉洁、不收礼，没有提出既能适应环境又不至堕落的办法，如此等等，反腐败教育要取得入心入脑的效果，必须了解职务犯罪及其职务犯，增强反腐败教育的针对性。根据以上对贿赂类职务犯罪的心理分析，我们认为当前反腐败教育着重要从以下方面入手：

首先，法制教育要帮助公职人员，特别是领导干部辨明收礼与受贿之间的界限，揭露形式多样的贿赂方式，其万变不离其宗的腐败犯罪的本质，并明确具体的区分标准，特别是对表现为按程序办事的非滥权行为，收受行贿人事后感谢式的肥私不损公的贿赂，更应当让所有官员保持警觉。在人情社会，“收礼”已经成为受贿的一种主要说辞，拒绝收礼意味着不给面子，不讲情面，这对每一个人都是很难的。若能及时根据贿赂犯罪的演变，为公职人员提供明确警示，则可为他们筑起一道防止错误认知引起犯罪的防护墙。认知错误导致的犯罪，在渎职犯罪中也同样存在，表现为工作失误与渎职犯罪、直接责任与领导责任、法律责任与行政责任等，如果司法人员都辨不清的行为界限，要让一个非法律专业人员的公职人员以这种规则约束自己的行为是困难的。为此，一轮又一轮的普法教育，不能再停留于泛泛的常识普及，需要有更具针对性的行为准则教育。

其次，警示教育要帮助公职人员，特别是领导干部，了解地位升迁、职权扩大可能面临的诱惑，可能引起的心理变化，认识职务犯罪一般的堕落心路，学会计算犯罪收益与犯罪风险或危害的账，掌握处于不同腐败阶段如何收手的办法等。

第三，形势教育要帮助公职人员认识社会的主流，学会正确看待社会腐败现象，理性分析引起腐败的社会病态现象，避免公职人员以旁观者的身份看待腐败风气，放弃自己的责任，抛弃职责的担当，从而自觉不自觉地将腐败变成自己的一种生活方式，内化为一种无可厚非的价值，甚至对腐败产生欲诛之又欲得之的病态心理。在回答“你认为现在的公职人员收礼是否普遍”的问题时，54.67% 的职务犯回答是“普遍”，而解释为什么会普遍时，主要有以下几种表述为：一是中国是人情社会，礼尚往来见多不怪，重人情往往重于讲法律；二是已经是一种社会观念；三是权力不受制约的问题长久存在，不送礼办不成事；四是不受贿就不能满足开销，就不能尽情享受。

（二）预防犯罪需要打击为先

近年来，职务犯罪预防受到前所未有的重视，其积极意义是无可置疑的。但在职务犯罪仍呈现高发态势情况下，预防的效果常常取决于打击的效果。而打击的效果不仅在于对查获的职务犯罪给予应有的制裁，而且在于让职务犯罪无处藏身。但现实是：一方面，相对于其他犯罪，对职务犯罪惩处呈现出缓刑多的特点[①]；另一方面，揭露的职务犯罪数量与公众对严重腐败犯罪的感受不相符合。而不论是惩处不力，还是职务犯罪“黑数”较高，都是职务犯罪经验性、技术性、关系性，甚至暗示性侥幸形成或强化的重要原因。随着公职人员职位的变化和地位的提升，面对比较对象的变化、各种诱惑的增多，欲求的增多或增强也不可避免，而这些侥幸心理正是让职务犯内在心理调控失效、冒险犯罪的主要和直接原因。为此，当下预防犯罪的良好效果，需要从以下方面提高打击效果：

首先，要严密法网，提高刑事追诉力度。随着职务犯罪立法的不断完善，严密法网的关键在于程序立法的强化和司法效力的提高。面对日趋严重的职务犯罪，司法的困境在于授权不足、办法不多和干扰太多。职务犯罪的特殊性，决定了查处职务犯罪较查处其他刑事犯罪的难度要大得多，然而，我国法律并没有根据打击职务犯罪的实际需要，如其他国家和地区那样以立法形式赋予反腐败机构充分的权力，以致我国检察机关在查办职务犯罪过程中，常感到“力不从心”，有时不得不依赖纪检部门的措施，突破办案中的手段、证据、期限等瓶颈。

其次，要“零容忍”，完善腐败制裁体系。我国已经建立起

---

① 参见《被判有罪不入监 贪官凭啥有特权》，载《检察日报·廉政周刊》，2006年7月25日。

以纪检、监察、检察为主体的查处腐败的体系，但设立于各单位内部的纪检、监察，由于仍是一种“同体监督”，受制较多，因此，监督普遍存在不到位的现象。如果尚处于违纪阶段的腐败得不到及时查处，提前干预就难以实现，就会出现“小洞不补，大洞吃苦”的现象。而纪检监察的查处力度不够，又必然影响到检察对职务犯罪的查处，因为纪检监察本应是职务犯罪线索的主要来源地，而现实却不是这样。更重要的是在对腐败人员的处罚上，不仅存在着以行政处罚取代刑事处罚的现象，也存在着受到刑事处罚——如缓刑犯——仍享受某种待遇的问题，让公众觉得腐败收益很高，而成本却很低。

第三，要体现公平，平衡刑事制裁。在贿赂犯罪中，主要是根据受贿的数额来确定刑罚的，但由于对立功、自首等法定从轻情节把握尺寸不同，因此，实际判刑存在同罪不同罚的问题。调查显示，有 30.67% 的职务犯抱怨目前定罪和量刑的随意性很大，不能完全体现人人平等的执法理念。

（三）控制犯罪需要提早干预

由一名公务员或领导干部，成为一名职务犯罪分子，必然要经历一个蜕化变质的过程。对于一名职务犯来说，经历的这一过程可能有长有短，所处的阶段也不一样，但从贿赂犯罪交易双方关系、职务犯心理及行为变化来看，他们的蜕变程度和速度与腐败持续的时间或被揭露的时间成正比，即一个人由一般腐败到腐败犯罪被揭露的时间越迟，则蜕化变质的程度就越深，预示着预防、控制和矫正他们的难度也越大。一个人腐败犯罪的堕落呈现出物理上的加速度特征，预示着对他们越早进行干预，效果也就会越好。有鉴于此，我们认为可以尝试进行以下干预措施：

首先，诱因免疫。来自环境的不良刺激，不仅是职务犯不良心理因素形成的外部原因，也是其不良心理重组形成犯罪心理结构，乃至犯罪心理外化的条件。而随着价值多元化，利益多样化和矛盾复杂化，社会加速转型过程中消极社会环境因素也会有增无减。在这种情况下，通过净化环境来减少不良刺激固然必要，但提高生活其中的公职人员的免疫力可能更为重要。诱因免疫就是通过揭示职务犯心理产生、强化和外化的规律，找到影响职务犯罪的各种刺激因素，并通过教育、训练等措施，对公职人员进行“免疫接种”，以此提高他们面临各种诱惑时的抵抗力。由于他们做官时间长短不同，所处位置不同，职务性质不同，面临的问题也不一样，因此，免疫干预不能一劳永逸，而需要适时针对性地进行免疫强化。这种诱因免疫干预，可结合现在的干部轮训、提职前的培训等一并进行。

其次，权力监督。职务犯罪的本质是以权谋私，控制职务犯罪规模最有效的方法是还权于民，尽可能压缩公权活动空间，特别是要防止权力与资本的结合。[①]但只要有公权存在，就会有职务犯罪。由此，需要建立以权力相互制衡，以权力监督权力，以社会性权力监督公共权力为内容的立体监督权力的体制，以

---

① 参见孙立平：《中国社会正在加速走向溃败》，载《人民网》，2011年2月16日。

有效地防止权力的滥用。[1]

第三，条件控制。贿赂类职务犯罪始终存在着职务犯对犯罪风险的考量，因此，增加受贿成本和被揭露的风险是预防与防止犯罪的有效方法。直至今日，我们的职务犯罪的控制主要还是通过提高事后成本的方式进行的，由于犯罪“黑数”的存在，这种提高事后成本的威慑作用极为有限。因此，提高职务犯罪过程风险，加强对职务犯罪心理形成及外化的条件控制，对于提高职务犯罪被揭露的风险最为重要。当前，最主要的是解决权力公开、预决算公开、用人公开、官员财产公开，只有公开才能真正加大监督力度，提高职务犯罪的风险，阻止职务犯罪心理的形成和外化。不少职务犯以自己犯罪的教训，建议不能把权力过于集中到一个人手中。要加强制度建设，坚持集体决策，严格办事程序。加强监督，要进行手段和方法创新，切实将工作落到实处。

第四，心理干预。如前所述，不论是职务犯罪心理的形成、外化还是恶化，有的与职务犯面临的挫折有关，有的则与他们对问题的不当归因有关，还有的甚至就是心理变态的结果。为此，对公职人员，特别是领导干部进行必要的心理辅导，让他们更好地了解职业的风险、心理的健康，掌握调节心理的正当途径和方法，学会体验幸福，保持心理平和等，对于防止他们心理问题恶化，行为出轨甚至违法犯罪都有着积极的作用。

---

① 参见狄小华、冯文新：《职务犯罪预防的权力控制机制研究》，载《法治研究》，2010（3）。

结语

支配一个人犯罪的犯罪心理，是环境与个体消极互动的产物。对职务犯罪心理的研究，我们不仅看到了一个人违法犯罪的心理与行为规律，也明白了究竟是什么导致了犯罪心理的形成与发展。为此，职务犯罪心理的研究对于构建“不愿犯”、“不敢犯”、“不能犯”与“未必犯”的防治职务犯罪体系，具有不可或缺的作用。然而，犯罪心理的隐蔽性、动态性和复杂性，决定了对职务犯罪心理的研究需要付出更多的努力。我们的研究是初步的，相关的研究还将继续。同时，我们期待更多人加入这一研究的队伍，以获得更多有价值的职务犯罪心理防治成果。

第二章

医疗卫生系统职务犯罪及其预防对策研究[①]

近年来，医疗卫生系统职务犯罪正呈现出现愈演愈烈态势，据商务部提供的资料表明，作为商业贿赂的药品回扣，每年侵吞国家资产达 7.72 亿元，约占全国医药行业全年税收收入的 16%。医疗药品、医用耗材经销商等用回扣、出国旅游、给赞助费等多种方式腐化和侵蚀着医疗队伍。医疗卫生系统职务犯罪不仅破坏了医疗工作者在人民群众中的白衣天使形象，还

① 本文系南京市鼓楼区人民检察院与南京大学犯罪预防与控制研究所合作课题研究成果。课题负责人：狄小华；葛冰，男，南京市鼓楼区人民检察院原副检察长。课题组成员：顾丽娟，女，南京市鼓楼区人民检察院预防局局长；张杰，男，南京市鼓楼区人民检察院预防局检察官；陈子军，男，南京大学法学院经济法学博士研究生。课题成果执笔人：狄小华、陈子军。

造成了当前医疗行业药价普遍虚高，导致广大人民群众看病难，看病贵。有鉴于此，南京市鼓楼区检察院针对辖区大医院集中、近年职务犯罪发案较多的情况，结合职务犯罪案件处理，与南京大学犯罪预防与控制研究所联手，对南京市医疗卫生系统11件职务犯罪个案进行了深入调查，试图通过分析医疗卫生系统职务犯罪的特点、成因，探讨医疗卫生系统职务犯罪的预防策略，以期堵塞医疗卫生系统职务犯罪的漏洞，真正有效抑制药价虚涨，解决人民群众的疾苦。

本研究选择医疗卫生系统内的职务犯罪作为切入点，进行犯罪学、社会学和刑法学等多学科阐释。医疗卫生系统职务犯罪，作为与市场经济相伴生的一个毒瘤，其总体态势、社会危害、存在原因、治理对策以及预防策略需要做犯罪学和社会学分析，而医疗卫生系统职务犯罪的罪与非罪界限，医疗机构等单位接受药品生产企业或经销商“学术赞助”的定性等，则需要用刑法学的知识来加以分析。本研究选择具有典型意义的医疗卫生系统职务犯罪案件，通过个案实证调查，从案例中发现问题，再从问题中寻求预防医疗卫生系统职务犯罪的对策。

一、医疗卫生系统职务犯罪状况

据江苏省人民检察院统计：2005—2007年江苏省检察机关共立案查处医疗卫生系统职务犯罪321人，其中在医药购销领域收受贿赂而被立案侦查的有216人，占67.4%，因在基建过程中贪污受贿而被立案侦查的有63人，占19.6%。同时，在医生调动、人事安排、医疗保险、疾病预防等方面，也不同程度存在违法犯罪的案件。如某医院主任吴某利用在骨科医疗器械招标、使用、结算等方面的职务之便收受贿赂30余万元；某中医院院长黄某利用职务之便在基建、药品采购过程中收受贿赂112.08万元。最近三年中被立案侦查的医院院长有111人，卫生局局长8人，医院的科室主任62人，行政部门的科长43人。由此可见，江苏省医疗卫生系统职务犯罪呈现出涉案人员较多，特别是药品、医疗设备、医用耗材采购过程中收受回扣的犯罪案件较为严重。

为深入剖析药品、医疗设备、医用耗材采购过程中的腐败原因，我们以随机抽样的方法，选取检察机关近三年侦办的11起案件，涉案的16人，进行了深入细致的调查，以期通过“解剖麻雀”的方法，为医疗卫生系统职务犯罪预防寻找“药方”。本次调查分三个步骤：第一步收集并总结有关医疗卫生系统职务犯罪的调查研究成果。针对已有研究一般性案情分析多、刑法学的纯思辨式的探讨多等不足，以典型个案“解剖麻雀”。第二步查阅个案全部案卷，按照以下几个方面：一是犯罪主体的基本情况，诸如年龄、学历、职务、从业时间、奖罚情况以及主要经历、家庭成员等；二是犯罪情况，诸如罪名、刑期、首次作案时间、发案时间、犯罪手段、受贿次数、犯罪动机、亲属同事介入情况以及行贿人情况等；三是处理情况，诸如发案原因、案发后个人表现、犯罪人单位态度、处理结果、理由及评价等；四是犯罪原因分析，诸如犯罪人自己陈述的原因、判决书和检察建议书中所分析的原因；五是犯罪的社会危害性等，全面收集研究资料。第三步个别访谈与座谈。到有关医院召开医生及管理人员座谈会，查阅相关制度、流程，深入了解内部教育与管理等情况；对个别典型个案中的当事人进行个别访谈，以进一步掌握腐败过程中的个体心理演化情况。第四步应用犯罪学、社会学、心理学、法学等学科知识，全面分析收集的个案资料，研究犯罪成因与对策。

二、医疗卫生系统职务犯罪的特点

通过对南京市涉及医疗卫生系统职务犯罪的 11 件个案共计 16 人的调查，从中可以归纳出如下几个特点：

（一）犯罪主体特点

在接受调查的 16 人中，有 5 人获得过不同的奖励，都没有犯罪前科。他们的犯罪呈现出“五多”特点：

1. 中青年多

在这 16 人中，50 岁以上的有 5 人，40 岁至 50 岁的有 8 人，40 岁以下的有 3 人，犯罪年龄集中于 45 岁左右。20 世纪 90 年代，检察机关立案查处的职务犯罪年龄相对偏大，青壮年人员较少，因而有了所谓的“59 岁现象”之说。而现在 45 岁左右的青壮年犯罪的人数呈强劲增长之势，占 68.75%。

2. 高学历居多

16人中1人具有博士学位，并兼职多家医学院的教授，是硕士研究生导师，另有4人具有硕士学位，其余均为大学专科以上文化。不同于其他的一般犯罪人，他们的文化素养比较高。

3. 业务专家多

在调查的16人中，有中华医学会某学科分会的专家组委员会委员；江苏省中西医结合学会某专业委员会的副主任委员；江苏省、南京市医学方面的专家委员会的委员、主任委员；国内有名的眼科专家；著名的肝病专家；还有1人曾获得过“防非典工作先进个人”称号。他们几乎都是所在医院、市、省乃至国家医疗卫生系统的专家。

4. 在职领导多

被调查的16人中，是局长或者院长的就有10人，占62.5%，副职的有5人，说明医疗卫生系统高层参与犯罪人数比较多。有的卫生行政部门与医院领导、药剂（械）科长、采购人员合伙作案；有的领导班子成员互相勾结，合谋作案；有的领导则与药贩内外勾结，共同谋利。

5. 同事、家属卷入多

11起案件中，有7起同事卷入，占63.6%，有的全科室人员都参与其中而不能自拔；有3起行贿人委托本单位的同事予以转交行贿款，有1起同事的弟弟销售药品，同事予以打招呼并进行行贿；亲属卷入的有5起，其中受贿人爱人直接收受回扣的有3起，占27.3%，受贿人让自己的女儿收下赃款的1起，还有一起为行贿人家属帮助核对收受回扣的账目。同事、家属的高比例卷入，表明他们不仅对收受回扣普遍存在模糊认识，而且说明了收受回扣之风已成盛行之势。

（二）犯罪行为特点

1. 案由集中

犯罪性质主要以受贿居多。调查的 11 件案件中，除了 1 件是贪污犯罪，1 件为单位行贿犯罪外，其余都是受贿犯罪。受贿犯罪占到了调查总数的 81.8%，说明医疗卫生系统职务犯罪主要集中在受贿。

2. 作案频繁

本次调查的医疗卫生系统受贿具有作案次数多、间隔时间短、持续时间长的特点。11 起案件中最多 1 起受贿人共收受贿赂 51 次，最少是 6 次，平均受贿 20.7 次；两次受贿时间间隔最短仅 3 天，持续 5 年的占 87.5%，最长的 1 人从 1993 年开始受贿，直到 2004 年案发，期间 11 年收受贿赂犯罪一直在持续。

3. 手段隐蔽

行贿人借以各种劳务费、酬劳费、介绍费、好处费、赞助费、会诊费、药品开发费的名义，给医生个人或医院科室行贿，包括现金回扣、实物回扣、提供高级招待及其他报酬或服务，如出国旅游、提供装修等。而医院将所收回扣或以科室名义乱发奖金，或私设小金库搞账外账并进行私分。如某医院神经内科将所收回扣款设立小金库，然后按照主任 1.5，组长 1.3，主治医师 1.2，住院医师 0.9 的比例发放“奖金”。收受贿赂多为幕后交易，隐蔽性极强。

4. 犯罪动机复杂

调查发现，有 2 人为子女而犯罪（主要是为了交付国外的学习费用，一人是为了女儿能在大学里调换个好的专业），1 人为炒股而受贿，1 人是为了买房而拿回扣，其他则无明确的动机。

5. 犯罪地点多变

行贿人行贿的地点因时因地而定，有的在医院的办公室、有的在受贿人的家中，也有的在受贿人住宅附近的酒店、餐厅等。由于犯罪地点多变、次数较多、持续时间很长，侦查难度极大。

（三）犯罪处理特点

1. 发案不易，处理更难

首先，行贿人与受贿人形成了利益共同体，他们的共生关系难以打破；拿回扣已成集体无意识，潜规则难打破。药品、医疗器械供应商向医疗卫生系统医务、管理人员行贿，受贿人在个人获得好处的同时，则在选用药品、医疗耗材等方面给予行贿单位或个人以照顾。药品、医疗器械供应商也因此以不公平竞争，增长了公司营业量，增大了销售额和利润。如某医院临床检验中心副主任赵某曾说，在试剂采购过程中，他们科室先是压价，然后再私下抬价 12%，抬价 12% 中的 5% 返还给本科室，药品供应商陈某则得 7%，这种利益共同体关系很牢固而难以打破；在医疗卫生系统的行贿受贿案中，由于一名受贿人常涉及众多行贿人，或一名行贿人可能同时向多人行贿，而每个药商又都以行贿医院有关人员作为促进销售的主要手段，因此，各种药品的回扣在各医院普遍存在。医生开方获取回扣涉及众多临床医生和科室主任，并且往往是上下交织。所以在医疗卫生系统，收受药品回扣已成为一种公开的“潜规则”。一位医院院长在被抓后还理直气壮地说：“大家都是这么做的（指收受回扣），所以藏某（药品供应商）跟我讲妥要给我钱时，我也没当回事，就答应了。”

其次，涉及专业人员多而难以处理。一些收受回扣的医务人员大多是所在医院或科室业务方面的专家能手，他们是医院或科室的顶梁柱，处理难度大。在所调查的个案中，有2起个案的所在医院，请求司法机关能给予减轻或者从轻处罚，甚至能给予免于刑事处罚。如某医院院长犯案后，医院共有28名医务人员联名上书请求减轻、从轻或者对其免于处罚。医疗卫生系统职务犯罪还具有群发性特点，串案窝案较多，更增加了打击的难度。如某医院一科室集体收受回扣，人数多达10人，如果依法予以严惩，则整个科室将陷入瘫痪状态。所调查的11起案件中，依靠群众匿名或者以真实姓名举报而发现线索的有8起，占72.7%。由于行贿和受贿是私下里进行的，外人很难发现他们的犯罪行为，加之他们存在利益共同体关系，本身不会去举报，发案难破案也难。

第三，依赖行贿人的配合才能获取证据，对行贿人处理也难。发生在医疗卫生系统的收受回扣之风，可以说是供销商一手刮起来的。他们以各种利益诱惑，拉拢医生下水，既严重腐蚀了医疗队伍，又破坏了市场公平竞争的规则。然而，每当处理此类职务犯罪时，由于没有行贿者的揭发等立功表现，即使有线索也难查处，所以对行贿人从轻处理，甚至不予追究，也就成了他们配合侦查的条件。

2.主动交代，认罪悔过

在调查的11起案件中，在犯罪嫌疑人被抓获归案后，都主动交代了自己的犯罪行为，并积极退赃或举报其他人的犯罪行为。甚至有3起案件的行为人在“双规”期间，就已向纪律检查委员会主动交代了个人的犯罪事实。这一事实说明，这些医疗卫生系统职务犯罪人恶习并不深，只要提前干预，或者预防措施到位，是完全可以避免犯罪行为发生的。

三、医疗卫生系统职务犯罪的原因

白色象征着医疗卫生系统的圣洁，“白衣天使”表达着人们对医务工作者救死扶伤精神的赞美。然而，伴随着社会加速由传统向现代转型，人们价值观念的多元化、生活方式的多样化、人际关系的复杂化，医院的圣洁、“白衣天使”的美称也受到了腐败的玷污。

（一）不良社会风气，加剧医德下滑

社会主义市场经济的确立和发展，颠覆了人们传统的重义轻利观念。而对物质的过分崇拜与迷恋，也让一些人变得对物质贪心不足，越来越自私，越来越六亲不认。请客送礼、礼尚

往来本是具有血缘特点的传统社会，在传统节日或红白喜事时，表达情感、联络关系的一种方式。但在市场经济条件下，这种传统礼仪已经逐渐演变为一些公职人员牟取私利的腐败行为。

1. 贿赂风日盛，利益诱惑难抵挡

个别化的生存方式，改变了人们对单位的依赖。而利益主体的多元化，也加剧了市场的竞争和不同利益主体之间的利益冲突。我国在由计划经济向市场经济转变的过程中，一方面，权力对经济的干预仍然较为普遍，行使公权力单位的局部利益或个人的私利，容易使权力成为他们牟取利益的工具；另一方面，市场主体为了自身利益的最大化，当公平竞争机制尚未形成时，也会以行贿等腐败行为，使自己在竞争中处于有利地位。为此，我国社会的贿赂之风，与不完善的市场经济相伴而生，并随着市场竞争日趋激烈而越演越烈。

医疗卫生系统所掌握的毕竟不是典型的公共权力，因此，相对于其他公共权力部门，腐败之风在医疗卫生系统刮起的时间较晚，但来势十分凶猛。其中原因在于：

对于患者来说，总希望能得到知名医生的医治，但知名医生始终是稀缺的资源，需求与供给之间始终存在着尖锐的矛盾。对此，医疗卫生系统也采取了一系列措施，企图缓解这一供需矛盾。如在门诊时，医院根据医生的职称高低，规定高低不同的收费，让患者根据自己的病情和经济能力选诊。应该说，这一尝试取得了一定的效果，但带来的问题是钱多能看好医生，钱少只能看水平低的医生的争议。目前，患者送红包主要发生在住院治疗，特别是开刀、用麻醉药等环节，患者为了降低开刀时的风险，总希望能请主任医师等经验丰富的医生主刀，在医院没有公开让病人选医生的情况下，患者与医生私下交易也就不可避免。送红包行贿之风形成经历了三个阶段：第一阶段是患者家属在开刀前主动行贿，但多数医生拒收；第二阶段是开刀前不收，但有的开刀后不再拒绝患者家属的答谢；第三阶段是越来越多的人送，越来越多的人收，收红包成了医院内部的“潜规则”。普遍的收红包又让患者觉得不送不放心，而普遍的送红包又让更多的医生心理失衡，难抵诱惑。于是送与收，要与送越演越烈，越来越普遍。

对于药品、医疗器材、耗材供应商来说，医院始终是最大的用户，而医院对药品、医疗器材、耗材的选择和使用量又主要取决于医生，于是精明的供应商们将推销的重点放到了科室主要医生身上。起初供应商只是送些挂历、电话卡、购物券等小礼品，接着根据实际使用量拿回扣，后来又发展到赞助出国考察、出席研讨会、支付会诊费等。供销商一点一点地摧毁医务工作者的思想道德防线，最终俘获他们，并让他们心甘情愿地为自己发财致富出力。一些医生在给患者开具药方时，不是根据患者病症的轻重缓急和实际情况，来选择一些价格适中、药效高、疗效好的药，而是受利益驱动选择有回扣或者回扣多的药品，提高用药量。这种不顾病人双重痛楚而热衷于追求个人和单位利益的行为，严重背离了治病救人、救死扶伤的医德和医风。如某医院医生姜某透露，医院药房里的药品 70% 有回扣，其中抗生素类的药品回扣率较高，如“忆复新”每支回扣 2.5 元，“布复读”每支回扣 7 元，“特福猛”每支回扣高达 15 元等，这些回扣率都在 15% 以上，结果医生为了获取高额利益，几元钱就能看好的感冒，却使病人花了成百上千元才能治好。而有的医生却每月拿着少则几百元，多则拿近万元的回扣钱。

2.“潜规则”日强，道德约束力弱化

行贿之风日盛，并长时间得不到遏制，以致在医疗卫生系统形成诸多“潜规则”，如收受药商的回扣，收取病人的红包等。“潜规则”的存在进一步摧毁着医务工作者长期形成的道德防线，并抵消着法治进程中法律对个人行为的规范作用。面对医疗卫生系统日趋严重的受贿之风，不少医务工作者也曾予以抵制，一些受贿人也曾多有担心害怕，甚至准备主动放弃受贿，但在“不要断了大家财路”，“其他科室都在收，没有关系”的群体压力下，腐败有随波逐流到越陷越深，不可自拔。有的医生抱着“马无夜草不肥，人无外财不富”的思想，长时间地收受回扣。如某医院内科医师赵某案发后透露说，姜某（科室主任）让其统计医药代表的用药量时，心中也甚害怕，家人也劝其别做替罪羊，但姜某却说没问题，并告知说其他医生也都或明或暗地拿着回扣，这是医疗卫生系统的“潜规则”，就这样她违心地跟着干了。这个科室在短短的几年时间内，人人参与拿回扣，收受药品回扣数额高达 38 万余元。

3. 义利观错位，医生荣誉感下降

相对其他行业，医疗卫生系统是知识分子相对集中的地方，而且医疗工作的特殊性，医德教育历来是医学教育的重点。然而，医疗单位作为给社会提供公共产品的事业单位，却越来越像企业。强烈的逐利倾向，不仅使高素质的医务工作者义利观严重错位，而且使得做医生的荣誉感逐渐丧失。医院如企业一样追求利益最大化，既与国家对医疗投入不足，医院不得不通过营利来弥补医院发展所需要的资金，或改善医生待遇，以留住人才有关，也与医院强烈的利益导向有关。如果说一些低等级的医院资金不足，医生待遇不好，那么，一些重点建设的大医院，无论在资金投入，还是在医生待遇方面，相对于其他行业还是比较好的，但为什么还要千方百计以损害患者利益获取单位或个人利益？唯一的解释就是内部形成的强烈的利益驱动机制。这种机制不改变，腐败不会随着国家投入的增加而逐渐减少，甚至有可能变得更为严重，这是个人欲望的无限性所决定的。

4. 集体无意识，腐败成恶性循环

药品、医疗器械生产和销售企业通过各种形式的贿赂行为，给医疗行业单位、个人回扣，以达到占领、扩大和巩固市场，排挤其他竞争对手的目的。回扣充斥着药品、医疗器械市场，几乎成了“无贿不成交”。 甚至一种新药进入药房都要“新药开发费”，如南京市某医院姜某在案发后交代，医药代表通常给医院科室 1000—2000 元左右的所谓“开发费”，或者医药代表安排请科室内的医生吃顿饭，饭后给每人 50—100 元的费用或礼品，经过这样做后，才表示可以在科室内使用这类新药。当收受药商回扣和病人的红包等成惯例时，所有医疗卫生系统人员都见惯不怪了。某医院赵某在共同犯罪案发后说，明知道行为违法，家人也提醒可能被抓，她也曾向有关领导反映过，但领导却说："别人都在继续（收受回扣），（她）不能挡了大家的财路。"这样科室主任和科室成员一帮带一帮，上任领导和继任领导之间传帮带等现象加剧了医德滑坡，导致了腐败恶性循环。

（二）思想教育缺位，自我控制弱化

医疗卫生系统业务性强，竞争激烈。对个人来说，业务的强弱决定一个人的地位、待遇和声望；对单位来说，业务的高低，影响的大小，决定一个单位获取国家、社会资源的能力。正是在这种情况下，医疗单位一般都重视其医务人员的业务培训，但却忽视了对其应有的思想政治教育。

1．重业务培训，轻思想教育

业务好不仅能够给医院带来更多的病源和更高的创收，也能为自己获得地位与待遇。无论是医院还是医生个人，由于都存在着提高业务水平的压力和动力，因此，走进医院能够见到许多专家讲座、观摩等通告，而且参加人员也比较多。然而，对思想、道德、法制等教育，在单位工作安排中和个人心目中，都不占有重要地位，不仅单位组织这样的学习少，方式单一，效果欠佳，而且个人常常因业务繁忙而不参加。这对于业务骨干和领导来说，更是如此。正如某区卫生局副局长张某在被判刑后忏悔说："在我没有成为副院长（兼某医院）前，医院大大小小的有关政治学习方面的会议，我是很少参加的。我总觉得是空洞的说教，没什么用，（医院）也很少有人管我参不参加会议。”由于长期不学习，许多人案发后，才清楚自己的行为已经构成了犯罪。

2. 重业务考核，轻医德评价

由于医院看重的是医生的业务能力，所以在日常管理工作中，也比较重视医生的业务能力考核，而对医生的医德评价却不甚重视。所调查的11起案件中，每家医院基本上都有所在医生外出进修、考核的机制，而医生的医德评价机制却基本上处于无规范可调整的状态。有的即使有这方面的规定，甚至出台了一些措施，但没有形成机制，没有发挥应有的作用。看病的数量、开药的多少、值班的次数都可以获得经济上的补偿，但对服务的质量则缺乏科学评价和相应的奖罚措施。收红包、回扣之风在医疗卫生系统的盛行，足以说明这种严重的问题没有引起从上至下的足够重视。

3. 重一般说教，轻纪律约束

从所调查的11件案件中，不难看出，有些医疗单位在表面上也有一些条条框框的规定，但实际上却很少得到具体有效的执行。一些领导干部明知下属在收受贿赂，干着违法犯罪的事情，却只是停留在口头上予以说服教育。甚至有相当多的单位和部门发现此类违纪犯罪行为后，出于单位的面子问题，或担心“一票否决”，影响全院奖金，或者害怕“拔出萝卜带出泥”，往往予以内部说服教育和制止，以此平息消化，息事宁人。由于对受贿的苗头不予以制止，或制止不力，导致蔓延并使一些医务人员越陷越深。而当触犯刑法，司法机关对相关人员要进行法律制裁时，有些医院领导还会以业务需要等种种理由，要求司法机关从轻处理。

（三）内部管理不善，腐败机会增多

法治国家在管理上，首先需要以单位内部以法律为依据的自治为前提，而当前医疗卫生系统内部普遍低下的自治能力，是腐败频发的主要原因之一。

1. 药品、医疗器械使用与收入挂钩

医院为了增加创收，往往与科室订立综合目标责任书，按照各科室全年完成医疗业务收入的比例进行年终奖励，而对医生的医德建设和评价却少有过问。医院各科室为了增加医疗收入，获得较高的年终奖励，纷纷对病人进行过度检查和不正当治疗。如南京市某医院院长与医院近 30 个科室、部门签订综合目标责任书，以完成医疗业务收入比例大小决定院部一次性奖励标准。2004 年检验科全年完成医疗业务收入 396 万元，院部一次性奖励高达 79200 元，而泌尿科全年完成门（急）诊 2870 次，出院 24 人次，全年完成医疗业务收入 11.2 万元，仅得到院部一次性奖励 2800 元。这种逐利性分配激励机制，必然催生医生利用医疗关系进行腐败。

2. 药品器械采购决定与使用没分开

调查发现，有些医院虽设有药品器械采购组和药事委员会等部门，以招标为例，由于缺乏规范的采购程序，而没有发挥应有的约束和监管作用。但医院或者科室事先早就和有关单位做好回扣洽商，其他参加招标人只不过是“陪衬者”，因此招标不过是走过场而已。如某医院临床检验科试剂小组采购流程如

下：首先由需要购买设备的具体工作片（注：检验科分免疫片、生化片和血液片三个片）工作人员向科领导口头提出采购申请——试剂小组讨论（主要是检验科科主任、片主任和一个秘书组成）——组织各厂家召开竞聘会——后者选送试剂样品并编上号——检验科生化片对选送样品做鉴定——取前三名，并和前三名商谈一个最低价以确定厂家——提出一个倾向性意见并将采购报告以书面形式上报医院设备处——设备处签订合同，提货等。由本科室的试剂小组进行评估招标，这明显不符合招标程序规定。又如，王某是某院信息中心工程师，在采购设备中，虽然将采购计划上报到南京市政府采购中心，但他却事先和设备供货商相勾结，采用提高价格，偷梁换柱的手法多次收受供货商回扣，贪污公款高达22.9万元。一些医药公司的经销商，以行贿手段非法竞争占领市场，又以暴富的钱财不断喂养腐败的医务人员，导致行贿受贿越演越烈。

3. 外出会诊管理缺乏约束的制度

在医疗资源短缺的情况下，鼓励医疗人员通过外出会诊等途径，满足患者的需要，并收取合理费用是无可厚非的。但关键是对会诊这样的行为要加以严格规范，否则就会成为滋生腐败的又一温床。有的地方的医疗卫生系统有简单的规定，有的则根本没有规定。由于对诸如会诊费用如何承担，会诊时间，哪些医生可以外出会诊等都没有详细规定，导致大医院的医生走穴现象非常频繁。有的医生与基层医院长期合作，收取高额会诊费，致使他们热衷于外出会诊，而对正常的工作则少有精力顾及。一位原为院长的受贿嫌疑人这样说，我院并非不同意医生会诊，相反高水平的医生可以多会诊，去帮助小医院实现创收，从而减少与大医院的差距。但外出会诊的利益如何分配应该明文规定下来，不能让大医院的医生一身两职，拿着两份薪水就更不应该了。目前医生外出会诊付费有两种方式：一是医院给多少，会诊医生就拿多少；二是医生要多少，医院就给多少。如何规范约束医生外出会诊收费，避免医疗卫生系统的职务犯罪就显得极为重要。这方面，在南京市本地医院间的会诊，规范得很好，既调动了医生的积极性，又满足了患者的会诊需要。

4. 采购接受赞助缺乏严格的规范

采购接受赞助，是商品采购行为的从行为。商品采购是主关系，赞助关系是从关系，后者是为了达成前者而设立的。它是主行为达成的附属条件，因而具有诱惑性，可以形成竞争优势，成为排挤竞争对手的一种促销手段。采购接受赞助，会给正常的商业经营带来负担和混乱，会扭曲本应建立在商品质量、价格和服务等因素之上的效率竞争，因而是一种变相的贿赂行为。目前我国对于采购中的赞助行为还没有专门的法律来进行规范。合法的赞助无可非议，但对变相贿赂则需要加以严厉打击。

5. 医院领导选拔机制有待完善

我国医院院长一般以“是否具有正高职称，在医疗卫生系统是否具有一定知名度，年龄是否在 40 岁以下”为标准进行选任。按照现行院长选拔机制选拔出的院长，基本上是医疗行业专家。专家型院长由于没有太多管理医院的经验，在日常管理中，普遍存在着抓业务“一手硬”、抓管理“一手软”的不足，而对预防职务犯罪更是“业务不精”。相反，西方国家医院院长大多是职业院长，他们具有上岗证，专门负责管理医院，而不是什么医疗行业专家。

（四）医疗体制不顺，引发矛盾突出

1. 医疗投入不足，激化创收与治病救人矛盾

目前，国有医院的主要经费来源是政府投入、医疗技术劳务收入和药品收入。由于各级政府财政经费紧张，对公立医院投入普遍不足。据南京几大医院介绍，政府针对医疗卫生系统的投入严重不足。政府投入只占公立医院整个支出的4%，其余的96%要靠医院自负盈亏，这直接导致医院领导主要精力都放在抓创收上面，而不是放在改善医疗质量上面。单纯从经济学意义上来讲，国家没有真正的公立医院。医院为了增加创收，对每个医生确定考核目标，并明确所谓的“经济指标”。目标的完成情况与医生的工资奖金挂钩，有时，完不成任务还要扣减医务人员的工资。在这样的“激励机制”下，许多医生只得给病人多开药、开贵药。本来可以用7角钱1支的“青霉素”，却给开3.3元1支的“先锋Ⅶ”；能用几元钱的“胃舒平”，却用几十元的“斯达舒”；病人一住院，就给开全套化验，不管得的是什么病，普遍给开98元1瓶的“诺美沙星”（一种抗生素），先用了再说，这些行为都严重背离了医生救死扶伤的宗旨。如某医院的临床医生案发被抓后说：“我不想给病人多开药、开贵药，可是院长给我们下了指标，每个月要完成1万多元的药品、

检查收入，介绍15个病人住院，完成了才能拿奖金，完不成就扣我们的工资。我真不想昧着良心强拉别人住院！”

2. 资源分配不公，导致看病难与没病看并存

大医院医疗设备好，业务骨干多，技术水平过硬，所以大医院病人人满为患，导致看病难；小医院设备差，加之医生医疗水平不太过硬，病人不愿意去看病，导致小医院无病人可看。大医院医疗资源丰富，不仅医院自身造血功能强，医生待遇好，而且医生能够获得更多的社会资源。相反，小医院自身造血功能差，不仅医院生存对医疗收费的依赖更强，而且医生个人也难以获得满意的待遇和社会地位。由此，大医院医疗设备越来越好，医疗骨干越来越多，而小医院则设备越来越陈旧，医院骨干大量流失。看病难与没病看并存，并呈愈演愈烈的恶性循环。

3. 以药养医体制，强化药商医生医院利益链

长期以来，政府对国有医院的投入严重不足，医院主要靠赚取药品批零差价以生存和发展。药品利润一般占到医院收入的50%，基层医院甚至达到80%。这种“以药养医”体制，必然导致药商与医疗单位和医务人员之间形成共同的利益链，并在利益的驱动下，引发日益普遍、日趋严重的医疗腐败。

4. 医疗收入和付出不成正比，导致医务人员心理严重失衡

与一般专业不同，学医本科要5年，毕业后还必须在医院做3年住院医师，24小时随时待命，而工资却和其他4年制的本科毕业生一样多，有的甚至还要少，付出的与得到的不成比例。在大医院，医生也是早上八点上班看病，但由于很多病人

是从外地慕名赶来的，他们有的当天挂不上号，就会缠着医生给个号。医生担心不看会扰乱医院正常的工作秩序，也不忍心让病人失望，因此，只能委屈自己，牺牲自己的休息甚至吃饭时间，常常要工作到下午一点多才能吃饭。更有甚者，有时脑科医院一台手术就要花十几个小时，工资收入却还是那么一点点。 而在国外，看专家门诊一般要提前进行电话预约，国外专家医生的工作量也比较小，工作时间短，待遇却非常高。另外，国内医疗卫生系统职工主观上攀比现象严重，不仅医院之间攀比津贴福利，有的还与外部职工盲目攀比，看着卷烟厂职工住别墅，而医院高级专家教授还住 80 平方米，心理就会导致不平衡，从而导致职务犯罪的发生。

5. 考核不够科学，导致医院领导和医务人员“共患难”

目前，政府主管部门对医院及其领导的考核，实行“一票否决制”，即只要发现医院有一例违法犯罪案件，那么，该医院在考核上就只能是不合格，导致医院发生了职务犯罪案件，医院领导还得千方百计大事化小，以免影响职工利益。这在某种程度上会助长医院的腐败之风，并使少数人在犯罪的道路上越滑越远。为此，需要从机制和源头上扎篱笆，以有效治理腐败。

四、医疗卫生系统职务犯罪的危害

（一）抬升药品价格，加重患者负担

药品从出厂到患者手中，要经过数道流通环节，其中的

明线是：买断经销权的大型批发企业——全国各大片区或省级代理——地市级代理——医药批发公司销售商——招标代理机构——医院或药店；其中的暗线是：医药代表——药事委员会（或招标领导机构）人员——医院药剂科主任——医生——处方人员。明线是合法利润，暗线是医药回扣。这两条线，连正常环节都是层层剥利，更何况医药回扣？当然，这些最终都是由患者埋单。

（二）滥用检查药品，引发医疗事故

一些医务人员为了获得回扣或提成，不顾医疗原则，滥用某些高回扣药品和高价值耗材，不见病人就乱开药、开错药，从而损害广大患者利益，引发医疗事故。目前，抗生素滥用引起的抗药性越来越严重，而抗药性增强导致医疗成本越来越高，老百姓看病难的问题也变得越发严重。

（三）毒化社会风气，恶化医患关系

目前群众反映比较多的给病人小病开大处方、检查多、用好药多、费用高、收红包等医德问题，虽然这只是一部分人的问题，但其影响不可低估：它毒化了社会风气，使医患之间产生了鸿沟，甚至互不信任，直接影响了医院的形象，同时还给党和政府的形象造成了损害。

（四）助长侥幸心理，加重医德下滑

被调查的 16 人在犯罪时，都存在侥幸心理，他们有的认为

收受贿赂只是私下里的事，天知地知，你知我知，只要你不说，我不说，就不会被司法部门查到，于是多次长时间的收受贿赂而心安理得。但更多地认为大家都在收，“法不责众”，不会有事。然而，他们忘记了陈毅元帅曾说过的“莫伸手，伸手必被捉”的忠告，终于走上了不归路。

（五）创造暴富神话，加剧贫富分化

在被调查的 16 人中，在短短的几年中，少则受贿八九万，多则受贿 170 多万。在受贿者“发财致富”的同时，更有一批代理商成了暴富。如某一行贿人为了买通医务人员买了 3 辆小车，长期供医院科室或医生无偿使用。与此同时，自己的医疗产品在短短几年中行销几乎江苏全省各大小医院，获利近千万元。在有人不断致富，甚至暴富的同时，又有多少人因看病而致贫，社会贫富差距也因此越来越大。

（六）商业贿赂成风，破坏公平竞争

医疗卫生系统商业贿赂成风，破坏了市场的公平竞争，还导致了国有资产的大量流失。如某医院科室在采购药品过程中，规定科室只支付药品采购人发票金额的 90%，而药品采购人则其在采购价上另加 20%–30% 开发票到医院，然后将其成本、利润留下后，多出的部分直接用现金返还给科室。由此可见商业贿赂破坏了公平竞争，损害了国家利益，肥了私人腰包。

五、医疗卫生系统职务犯罪预防建议

近年，医疗卫生系统职务犯罪呈现上升态势，如何应对成为人们最为关注的课题。有关犯罪研究专家认为，如果把犯罪比作一锅沸汤，打击是扬汤止沸，而预防则是釜底抽薪。打击是对已然犯罪行为的惩治，是治标之举；预防则侧重于未雨绸缪防患于未然，是治本之策。所以只有打击与预防相结合，才能有效地减少和遏制医疗卫生系统的职务犯罪。

（一）强化思想教育，增加自我修养

内因是事物变化的根本，外因是事物变化的条件，外因通过内因而起作用。外界的不良风气等环境变化再大也是末，医务人员的自身意志弱才是本。医务人员虽然多是中高级知识分子，但在社会转型这一大背景下，对业务的专与精，容易形成对自身思想修养的忽视。因此，加强医务人员的思想、道德和法律意识的教育和培养，对于遏制当前医疗卫生系统的腐败行为极为重要。

1. 培养道德法治观念

道德法律意识的培养，既需要进行必要的道德、法律知识教育，更需要将这些知识内化为他们意识的有机组成部分。因此，需要结合医务人员工作的特点，开展针对性的工作：

首先，道德是法律的基础，法律是道德的底线。即使在追求法治的背景下，打牢道德这一根基，仍是实现法治最为重要

的基础工作。医疗卫生系统职务犯罪形势严峻，从根本上讲，在于职业道德的严重下滑。为此，强化职业道德教育，仍是当务之急。树立医务人员救死扶伤的崇高形象，增强他们的荣誉感。对医务人员尤其是领导干部要开展职业道德教育，加强医德医风教育，重点是使他们树立起正确的权力观、人生观和价值观，增强防腐拒变的能力。正如调查中一位曾收受贿赂被判刑五年的医院院长在被投入铁窗后忏悔地说：“领导干部只能运用手中的权力全心全意为人民服务。权力是双刃剑，如果用在服务人民上，它能攻坚克难；用在牟私利上，结果只能自毁前程。”

充分利用每周政治学习的时间，进行法律知识的普及工作，并将与医务人员相关的法律规定，以小册子印发给每一名医务人员。同时，还可以将有关规定，以明示的方式张贴在适当的场所。收集医疗卫生系统职务犯罪典型个案，深入分析犯罪原因、危害，形成警示教育读本予以分发。

其次，针对当前医疗卫生系统收受红包、回扣较为普遍、医务人员职业道德严重下滑、法律界限不清等现实，建议在系统内进行一次思想教育整顿活动。一方面，对过去发生的收红包、拿回扣等不法行为要进行一次清算。本着讲清情况、既往不咎的精神，鼓励大家向组织讲明情况，并上缴赃款。另一方面，针对医疗卫生系统职务犯罪的情况，对全体医务人员进行一次有针对性的职务犯罪原因、危害与预防的宣讲活动，切实从思想上和行动上，提高医务人员廉洁自律的能力。

2. 完善职业评价标准

针对医院重业务培训，轻思想教育，重业务考核，轻医德评价的现状，完善医疗机构职业评价标准。坚决改变把“为病人开了多少药，完成多少业务额，为医院挣了多少钱”作为医务人员工作业绩的评价和收入分配的标准，逐步形成以考核医德、医风为核心内容的医疗质量与数量相结合的考评体系。质量主要指对疾病的诊断的正确率、治疗的针对性和效果，患者对医疗工作的满意度等，数量主要指医务人员付出的劳动量，可从工作时间、门诊、救治患者数量、难度等综合考量。在制度和组织上建立健全医德医风监督体系，形成上下贯通有人管、有人抓的工作网络。把医德医风的职业评价标准纳入医院的目标管理中，与业务管理工作同部署，同检查，同考核，同奖惩。

3. 提高廉洁自律能力

针对医务人员在受贿中普遍存在的侥幸心理、从众心理以及失衡心理等，加强对医务人员进行集体心理辅导，增强他们对心理的自我调节和控制，提高廉洁自律以及防腐拒变的能力。一方面，引导医务人员通过自我观察、评价，不断调控和强化自我控制，完善个人品格，形成正确、清晰、明智、成熟的自我意识，以有效地对抗各种金钱、美色等诱惑，抵御犯罪动机的生成。另一方面，针对医务人员家属在职务犯罪中的特殊作用，各医疗部门可通过适当方式，让医务人员家属了解行业道德和规范，建立经常联系制度，使他们成为医务工作者廉洁自律的一支重要力量。

（二）加强市场监管，促进公平竞争

1. 建立统一的药品医疗设备公开招标制度

针对药品、医疗器械和耗材等采购过程中存在的腐败问题，需要建立和完善药品及医疗器械政府采购和招标制度，具体包括：

其一，在体制上，统一由政府采购部门进行集中采购。这样就能将药品招标管理机构独立于医疗卫生系统之外，使整个招标过程置于社会的监督之下。首先由需要购买设备的具体工作人员向科室领导人口头提出采购申请——科室民主管理小组集体讨论同意后——会同具体工作人员向医院方提出药品设备采购申请——医院经评估论证后再向政府采购部门书面申请（具体采购计划）——政府采购部门公布采购目录——政府采购部门具体负责采购过程。为防止采购由过去的各单位分散腐败，变成政府采购部门的集中腐败，在药品、医疗设备等采购中，由政府部门建立招标采购平台，并通过这一平台进行全程监督，而采购单位则按规范程序实施采购。

其二，在审批上，统一由医院的药事委员会具体负责。针对有些医院设置的药事委员会组成人员比较固定的问题，可吸收中、高级职称的医生参与，以扩大药事委员会规模。在选定用药目录时，随机从药事委员会成员中，抽调部分人员临时组成审批小组，并由他们独立行使药品采购的决策权。为增强采购决策的透明度，可邀请医院纪检、纠风办等有关人员决策的参与式监督。

其三，对于非集中采购目录的药品、医疗器械的采购，宜实行医院统一采购、统一管理的制度。由医院院长、纪委及医院相关负责人统一组成药品和医疗器械采购领导小组，下设两个工作小组：质量评估工作组（可设在检验中心）和采购工作组（设在药剂科）。遵循“质量第一，价格优惠；货比三家，公平竞争；以销定购，避免积压；确保供应，满足需求；严禁采购‘三无产品’”的原则，全面负责药品的采供、使用、管理，审定试剂供货单位的确认或更换，指导并参与试剂的招标。药品采购分新增药品的采购、在用试剂的采购以及小批量急需药品的采购三种，需实行不同的采购程序。对于新增药品的采购，可由相关科室提出申请，由质量评估小组负责质量评估、招标与采购；对临床和科研工作急需，而既有品种或既有供应厂商不能满足需要，且临床和科研项目研究影响较大，总额在1万元人民币以下的小批量特殊试剂，科室可提出书面报告，科主任签字，分别报临床检验中心和科技处审核。同意后报分管院长批准，再由采购工作组进行采购。

2. 建立统一的药品设备市场准入制度

医疗管理部门在加强市场监管，保护公平竞争方面要切实做好以下两点：一是要对参加招投标的医疗企业实行企业准入制度，只有达到具体标准和资质的企业才能实行招投标；二是建立行销黑名单。对于列入招投标名册的医疗企业，如果发现存在通过非法手段进行行销的事实，则列入黑名单，并根据其行贿事实和严重性，以暂停参与招投，或退出招标市场的方式进行惩罚。

3. 完善药品设备招标采购监督制度

为严格执行采购方面的法律法规和制度，监察室、审计室应对大型仪器、设备、高值耗材招标，进行全程参与式监督。行风监督员可以通过暗中察访方式了解医院相关制度的执行情况，并直接报行风建设督查组，聘请的社会观察员可以明查暗访，监督医院的违纪违规行为，发现诊疗中的消极服务行为；医院行风建设督查组应对诸如基建、设备、耗材、人、科研、物等重点部门或部位，实施定期与不定期督查。

（三）完善内部制度，提高自治能力

对医院管理中出现的种种违纪违法和犯罪问题，不能讳疾忌医。这就好比一人前期患红肿、热痛时还好预防，等到深度脓肿就病入膏肓、很难治疗了，有时即使动大手术仍回天乏术，所以医院首先应该完善相关规章制度，从预防上多做文章。对此，可借鉴日本医院的管理经验：在日本，小到医院来年的招待费都要详细做好预算。由于各项预防职务犯罪的规章制度制定得非常详细，因此，日本医务工作者不敢越雷池半步。针对我国医院制定的规章制度注重违纪的事后追究，而忽视事前预防的现实，需要进一步确立犯罪预防理念，并通过完善管理制度，从加强行业自律，提高自治能力入手，逐步遏制医疗卫生系统的腐败。

1. 完善医药采购，彻底割断医生直接定价

我国药品定价实行的是国管药、省管药、和企业自主定价三级并存的定价制度，而药品市场却完全是市场化的，实行的

是自由竞争。目前，我国的药品生产企业众多，竞争激烈。各企业竞相提高药品的定价。其目的是用高出来的部分价格去买通采购人员以及医务工作者。在目前的医药采购中，有些科室主任能以科室名义与药品或者医疗器械供销商接触谈判，并签订购销合同，这在某种程度上导致了药价由某个医生直接定价的怪事。为此，对药品进行合理定价，必须禁止医务人员与药商接触，彻底割断医生与药品定价的联系。只有科学核算生产企业的药品成本，并合理划定利润空间，确定药品的合理价格，才能压缩非法药商的回扣空间，彻底根治回扣这个毒瘤。

2. 规范用药行为，完善用药管理规章

医院内部可以制定用药知情同意制度，公布药品价格，在不影响疗效的情况下，列出一部分药品供患者自己选择；医院每月定期检查用药品种和用药量情况，并做好登记，对连续三个月排列在前三位的药品和用药量进行排查并张贴上墙，以供全体医务人员和人民群众进行监督。对群众反映不良的医务人员，医院要及时并积极予以处理，以缓解医患关系紧张的局面。

3. 改革分配制度，消除收入对医药的依赖

当医生的工资、奖金等与医生的用药量等挂钩时，必然导致医务人员的过度检查和过度用药。为此，改革现存的分配制度，彻底消除医生收入与药品、医疗器械的使用量相挂钩，才能从根本上解决过度医疗的问题。根据“按劳分配”原则，可以考虑医生的收入与其当日的诊疗量进行挂钩，并把医德评价等因素作为影响因子。只有割断医生收入与用药、检查的联系，才能从源头上消除医生的收入对医药品种、用药量及检查

的依赖。

4. 建立惩戒机制，形成对腐败的提前干预

通过完善医院内部的采购、分配制度，提高医疗卫生系统的自治能力，可以达到降低医务工作人员的违纪，乃至违法犯罪率的目的。考虑到违法犯罪多是从违纪开始的，预防职务犯罪，强化对违纪医务工作者的惩戒极为重要。如对一般违纪人员，可以规定在一定时间内调离医疗岗位；对一些严重违纪行为，则可以吊销其医师职业执照直至终身取消其医师资格。只有建立起医院内部的提前干预机制，才能真正把腐败犯罪扼杀在萌芽之中。

（四）加大惩办力度，浓厚反腐氛围

1. 畅通举报渠道，降低腐败黑数

司法机关、纪检监察部门以及工商、审计等管理部门要充分发挥职能作用，加大对医疗卫生系统职务违法与犯罪的查处力度，以有效降低腐败黑数。首先，各部门要深入揭露腐败、特别是职务犯罪的社会危害性，广泛宣传党和国家反腐倡廉的方针政策，宣传检察机关查办和预防职务犯罪的决心和成果；其次，要畅通举报渠道，鼓励广大人民群众大胆举报揭发医疗卫生系统职务犯罪，并可探索有偿举报制度，即对举报后得到证实的举报人予以奖励（当然为了保护举报人，奖励需要注意方式方法）。

2. 坚持严而不厉，提高惩办效果

我国司法机关要加大查处医疗卫生系统职务犯罪的力度，

并及时予以处罚。对犯罪进行打击是我国刑法的主要功能，可以对犯罪人本身起到特殊预防教育的作用。打击本身不是预防，但可以起到一般预防的作用，即威慑其他违法犯罪分子不敢以身试法。贝卡利亚说过，对于犯罪最强有力的约束力量不是刑罚的严酷性，而是刑罚的不可避免性。惩罚犯罪的刑罚越是迅速和及时，就越是公正和有益。刑罚的及时性和不可避免性之所以是有益的，关键在于：犯罪和刑罚之间的间隔越短，在人们心中，犯罪和刑罚这两个概念的联系就越突出、越持续，因而，人们就很自然地把犯罪看作起因，把刑罚看作是不可缺少的必然结果。

有效抑制医疗卫生系统职务犯罪，不在于严厉惩罚，而在于有罪必罚。彻底改变法网粗疏，而刑罚严厉的做法，形成法网严密而处罚轻缓的格局。为此，在提高犯罪揭露率的基础上，对医疗腐败要采取“零容忍”，做到有案必查，有罪必罚。切不可形成“法不责众”、“能人的罪可不罚”等错误导向，以避免更多的医务人员在侥幸心理的支配下，实施腐败行为。

医疗专家是需要经过多年深造实践才能有所成就的人才，个人为此要付出极大的努力，国家为此也付出了巨大的成本。为此，专家犯罪，恐怕对家庭、社会和国家都是严重损失。处理医疗卫生系统职务犯罪要深入贯彻“宽严相济”的刑事司法政策，对职务犯罪情节、手段、性质比较严重的，带有勒索性质的，要严惩不贷；而对初犯、偶犯、危害不大，且发案后态度表现好的，则兑现宽缓处罚。

3. 打击商业贿赂，避免两手都软

首先，针对药品、医疗器械采购中接受赞助缺乏严格的制度规范，很容易导致变相贿赂的情况，建议各省及地县级卫生管理部门细化卫生部颁布的《医疗卫生机构接受社会捐赠资助管理暂行办法》，严格规范捐赠和接受捐赠行为，严肃处理以捐赠为名，实质是变相贿赂的行为。捐赠应由医院办公室统一扎口管理，会同纪委监察室、审计室、计财处等部门对捐赠方案予以审核并会签，并根据捐赠资助项目是否属于公益非营利性质、是否涉嫌商业贿赂和不正当竞争等情况，提出是否接受捐赠资助意见，并报院领导集体审核同意。医院其他任何部门和个人不得接受捐赠资助。办法还应该规定医院接受的社会捐赠主要用于贫困患者救治、面向公众的健康教育、人员培训、医学交流、服务设施建设等公益非营利性业务活动，不得用于职工福利发放。

其次，从刑法理论上讲，医疗卫生系统内的受贿罪和行贿罪属于“对向犯”，在通常情况下，行贿方和受贿方的行为均系犯罪。故司法机关不能仅处罚其中一方而忽视对另一方的打击。不能因为受贿行为的危害程度严重，就予以积极打击，而行贿人配合司法机关破案就不予处罚。在所调查的 11 起案件中，只有 1 起以行贿犯罪处罚。一些医院院长、政府官员纷纷落马，而靠商业贿赂生存的医药代表却似乎“没什么事”。相比于医疗卫生系统中的行贿者的严重危害，法律对他们的责任追究显得微不足道。这说明我国司法机关对医疗职务犯罪中的行贿行为打击不力。再从所调查的受贿罪来说，除去 6 人没有判决外，1

人做了撤销案件处理，1 人做出了不起诉决定，2 人免于刑事处罚，2 人判处了缓刑，只有 2 人判处了有期徒刑 5 年，1 人判处了 10 年（贪污罪），这说明我国打击医疗职务犯罪收受贿赂方的力度也不够，因为调查的案件涉及数额都比较大，有的竟然达到了几百万元数额特别巨大的地步。所以需要加大对医疗卫生系统职务犯罪的打击力度，对受贿和行贿都要进行惩治，不能偏废任何一方，避免两手都软。坚决纠正执法不严、打击不力的错误倾向，狠抓医疗卫生系统职务犯罪案件的查处工作。司法机关要敢于承办大案要案，要敢于冲破阻力，排除干扰，一查到底；要敢于依法办事，坚持法律面前人人平等的原则，对任何腐败分子都要一律给予平等的法律追究。只有这样，才能从根本上遏制职务犯罪迅速增长的态势，保护更多医疗工作者，并从源头上解决医疗费用虚高的问题。

（五）深化体制改革，增加资金投入

目前我国对医疗机构的经费投入不足，有的医院职工的工资都不能足额发放，医院的主要负责人不得不设法挣钱，以确保医院的正常运转。而医院一旦以利益最大化为目标，必然在客观上给医务人员提供腐败的条件。为此，要切实加大对公立医院的经费投入，保障公立医院生存与发展所需要经费，实行医药分开，把药品经营从医院剥离出来，让药品销售利益与医院的经济利益彻底脱钩，同时适当提高医疗服务价格，并逐步提高医务人员的工资水平。只有这样，才能克服医院“以药养医”所形成的老百姓看病难和医务人员腐败的怪圈。

医疗卫生牵涉千家万户，日趋严峻的医疗卫生系统职务犯罪，严重影响社会和谐的构建。既然医疗卫生系统职务犯罪高发，涉及医疗管理体制、制度、机制、社会风气，以及医务人员自我约束弱化等多方面因素，那么，治理医疗卫生系统的职务犯罪，需要惩防结合，标本兼治。而医疗卫生系统职务犯罪的特点，使我们更加确信，加快医疗卫生体制改革，完善医疗卫生管理制度，形成科学合理的医疗卫生管理机制，是治理当前医疗卫生系统职务犯罪的当务之急。

第三章

工程建设腐败犯罪及其预防对策研究①

伴随着国家基本建设投资的加大，工程建设领域职务犯罪呈现出日趋严峻的态势。为了更好地遏制工程建设领域腐败犯罪，并为经济的快速发展打下坚实的基础，南京市鼓楼区人民检察院联合南京大学犯罪预防与控制研究所，对 2007—2008 年南京市发生的近百件工程建设腐败案件，进行了个案调查，并深入监狱与落马官员进行面对面的访谈，试图通过分析工程建设腐败犯罪的特点、成因，找出工程建设腐败犯罪领域的制度漏洞等，进而提出积极有效的应对策略，以期从源头上遏制工程建设腐败犯罪的高发态势，为新一轮经济增长保驾护航。

① 本文系南京大学犯罪预防与控制研究所与鼓楼区人民检察院合作课题成果之一。课题组组长：狄小华、葛冰；成员：鼓楼区人民检察职务犯罪预防局局长顾丽娟、科员张杰，南京大学法学院博士研究生陈子军，南京大学硕士研究生高卉、冀莹。执笔：狄小华、陈子军、顾丽娟。

一、工程建设腐败犯罪状况

据一项全国民意调查显示，建设工程、公安司法、医疗，教育和组织人事，是人民群众心目中腐败问题较严重的五大领域，其中，38.54%的受访者认为“建设工程”领域中问题“比较严重”，位列五大领域之首。[①]在南京，近几年来工程建设领域的腐败犯罪也处于高发态势，查处案件所占比例相对较高。2007—2008年，南京市共立案和查处工程建设项目的职务犯罪107人，占同期立案总数的39%，涉案金额达上亿元，涉案人员中副处级以上干部12人、正科级干部31人、副科级干部35人、科员级干部18人、无职级的11人（含未判决人员）。在调查的工程腐败案件中，犯罪人主要作案手段是利用职务上的便利，收受贿赂和索取贿赂，并为他人牟取利益。

工程建设领域腐败犯罪具有以下特点：一是发案范围广。涉及多项重大工程领域，如工程建设中的高架道路工程建设、高速公路建设、医院基础设施建设、交通信息基站建设、城市道路绿化建设、拆迁工程补偿、市政工程建设等领域等。二是涉案金额大。在所调查的个案中，贿赂金额普遍比较大。在已经判决的54起案件中有36起为大案，涉案金额总额高达8千余万元，出现了单笔贿赂百万元的案件。其中10万至50万元的案件37件，50万元以上案件12件。三是发案环节贯穿工程

---

① 文钊：《把脉“工程腐败”》，37页，载《红旗文摘》，2004（17）。

建设的全过程。工程建设项目在立项审批、土地征用、房屋拆迁、工程设计、工程发包和转包、招投标、材料设备选购、施工管理、工程项目变更和追加、工程监理和质量验收、工程款预付和结算等各个环节都存在腐败犯罪的发生。

二、工程建设腐败犯罪特点

通过对南京市2007—2008年工程建设腐败犯罪的个案调查以及和监狱服刑人员的访谈，我们可以发现工程建设腐败犯罪具有以下几个方面的主要特点：

（一）案由集中，作案频繁间隔更短

在我们调查的重大工程腐败犯罪案件中，案由主要集中在受贿犯罪，并且行贿“目标”主要集中于那些对分包工程、结算工程款和采购材料具有决定权的人员。目前相当大多数建筑公司的这部分权力直接掌握在分公司、工程部、项目部经理手中。[①]受贿具有次数多、间隔时间短、持续时间长的特点。调查的54起案件中最多一个受贿人共收受贿赂87次，最少的案件也有8次，平均受贿18.5次；两次受贿时间间隔最短的仅隔1天；持续受贿4年以上的，占调查总数的68.7%，最长的一人

① 郭清君等：《工程腐败：161起案件警钟长鸣》，6页，载《长江建设》，2002（3）。

从1991年开始受贿，直到2007年案发，17年期间收受贿赂犯罪一直在持续。

（二）多头行贿，窝案串案现象突出

工程建设中，多头行贿、受贿较为普遍。由于权力的分散，加上缺乏有效的监督制约制度和措施，行贿人员为打通各个环节，对相关人员分别实施行贿，这样每个环节都易滋生贿赂犯罪。而且，有些案件涉及多个地区和部门，往往查处一案，带出一窝、引出一串。窝案串案比例非常高。全市工程建设领域54起贿赂犯罪案件中，窝案串案17件，占案件总数的31.5%。

（三）权钱交易，作案手段花样翻新

由于近年来工程建设的增多，建设单位的相关人员往往利用手中的权力大肆进行权钱交易，多次受贿。此外，贿赂的方法、手段不断翻新，花样繁多。其中，借逢年过节“礼尚往来”的幌子，以“红包”等形式进行贿赂的较多。调查中还有一犯罪嫌疑人刘某为了逃避打击，和其他人成立一家皮包公司，并和行贿人签订协议，刘某不直接接受行贿款，行贿人把行贿款打到这家公司，该公司提供发票，以这种方式刘某间接收受105万。另一起案件中受贿人也不直接收受财物，而是让施工方往BOSS消费卡内充值3万供自己消费。

（四）规避制度，不择手段以权谋私

1. 多种方式，规避招标

有的单位为规避招标，私下将工程投资总额拆分到国家规定的限额以下；有的单位故意违反国家有关招投标规定，应招标的工程不进行招标，将必须公开招标的项目擅自邀请招标或直接委托，使内定“关系”施工单位中标。如单项合同估算价在 50 万元以上的工程，按照相关规定，必须通过招投标的方式决定施工单位，择优中标。而相关单位在确定工程建设项目时，通常以工程时间紧，减少设计、监理费用等为借口，将一些本应该公开招投标的建设项目故意肢解为小型工程，然后以邀请招投标的方式选择施工单位，从而为相关人员和施工单位进行权钱交易打下了基础。还有一些单位法制意识淡薄，随意性大，不通过正常渠道而自行招标，由此引发的矛盾和纠纷时有发生，给社会增加了不稳定因素。

2. 低价中标，高价决算

受工程建设领域高额利润驱动，良莠不齐的市场主体，竞争异常激烈。国有企业、集体企业、合资企业、独资企业、私营企业等，为了承揽工程，有的施工单位人员故意以低造价中标，而在实施过程中，他们又抱着“堤外损失堤内补”的想法，采取多报、虚报、变更设计等手法，谋取更大的利润。在此过程中，为使变更设计项目获得审批，施工单位人员便对工程监理、业主人员施以行贿。正是由于招标、监理的不规范，所谓的“三方友好关系”让不可能的事情都变成了可能，甚至是轻而易举。施工单位报告、监理单位意见、业主方的意见都

在所谓的默契和交易中一气呵成，工程决算的成倍增长就见怪不怪了。

3. 套用项目，套取资金

所谓工程建设中的“套用项目”，就是在原做过的项目基础上扩大范围，上报一些莫须有的项目，向上级部门虚假汇报，在批准立项后，最后“套取资金”。如在调查中某业主管理人员和施工单位共同利用工程变更、增加工程量之机，非法套取国家建设资金26万元，中饱私囊。另一个案中，被告人利用操作程序不太规范，以虚增工程量、多开工程费发票等手段套取国家土地复垦专项资金8万元，占为己有。

4. 串标陪标，共生关系

工程建设领域公开招投标流于形式，逐步演变成公开串标。本来公平、公正的邀标也是工程招投标的重要组成部分，但相关建设单位在邀标过程中，以有长期合作关系为由，致使邀标单位局限于与其有关系的几家施工单位。邀标单位受到限制，为串标创造条件。虽然这些施工单位有几十或上百个项目经理，但其中只有少数几个人可以参与邀标，表面上看似合法的邀标形式，实际上却成了几个人商量的“圆桌会议”，从而为他们串标创造了条件。

三、工程建设腐败犯罪原因

自2007年以来，南京市的经济发展步入快车道，在共涉及四十多个重大工程建设项目中，投资总金额达两千多亿元。每个项目投入的资金，动辄上百万，甚至上亿元，其中丰厚的利润，诱使不少人铤而走险。

（一）权力过于集中，监督制约难到位

在工程建设的各个环节，当权力掌握在少数实权领导手中时，通过“暗箱操作”，搞权钱交易也就成为可能。

1. 市场经济不完善，垄断权力难制约

（1）兼有企业、事业、政府部门性质的企业

我国的很多企业是从过去的政府管理职能中分离出来的，由于改革不彻底，这些企业同时还是国有资产的经营管理者或所有者代表，有的甚至是作为行政管理者的政府部门。企业这种特殊的性质，使他们很难保持中立，容易通过三方勾结，以共同损害国家利益获利。如工程代理机构往往为机关、国有企业的工程招标代理，而承包方则是私人主体。

政企不分，导致权力过于集中、决策程序不民主，并引起工程建设领域腐败犯罪频发。如南京市某邮政局在装修过程中发现梁上裂缝，遂要求市房屋安全鉴定处鉴定。然而南京市房屋安全鉴定处一身两职，一职鉴定处，主管经济分配权和人员组成权；另一职是南京市修建技术服务公司（本身没有技术能力完成加固方案）。南京市房屋安全鉴定处在对梁上裂缝作出鉴定后，另请专业设计院做具体加固方案，然后还是鉴定处即修建公司来承接业务。可是，修建公司自身又没有技术能力，后又转包给张家港市某建筑技术研究所，自己从中收取

管理费。

(2)“四位一体”的一条龙投资体制

“四位一体”(投资、建设、管理、使用)的投资体制因素是诱发工程腐败犯罪的体制性因素。[1]大多数国家投资建设项目，如交通、水利、铁路等行业的投资建设项目，至今沿袭计划经济高度集中、垄断的“四位一体”体制，即行政长官、公司企业领导、建设者和管理者同时由一人担任，导致政府部门既是建设者，又是管理者；既是“运动员”，又是“裁判员”。这就容易使工程项目的勘测、设计、施工、监理、审计等环节缺乏相互的制约和监督。

2. 工程指挥部临时建，分工制约难形成

我们在调查和访谈中发现，有的建设工程本身的政治意义已经大于建设工程本身，为了盲目上马和赶进度，领导一拍桌，项目就能上马。由于时间仓促，以至于工程指挥部都是临时建成的。这种不顾客观条件的“三边”(边设计、边施工、边修改工程)其实就是急功近利的“献礼工程”。[2]在这种情况下，工程内部的分工制约机制基本上处于空白状态。另外，在招投标过程中，招标公司为了让内定公司中标，便会制定高标准，导致其他公司都废标(按照常理，少于三家就流标)。在这种情况下，由于是“献礼工程”，时间紧急，不能流标，于是招投

① 卢毅等:《公路工程招投标中的腐败及其治理》，24页，载《交通企业管理》，2004(10)。

② 参见《政协委员谈工程式腐败》，http://www.17xie.com/read-531373.html.

标领导小组就会让领导发表意见，然后再决定先到其推荐的几家去实地考察后再定标，这时已经受了贿的领导会尽量帮“内定公司”说好话，一般都能顺利中标。这导致分工制约机制很难形成，而在招标中内定的单位都要给予 3% 至 5% 不等的好处费。

3. 中介机构不规范，参与腐败成帮凶

目前我国的中介机构从类别上分，主要涉及验资、审计、资产评估、拍卖、土地、房地产、建设等领域。从产权结构上分：一类是从事民间主体之间的中介服务、进行自主性的民间协调的中介机构，如大多数经纪类、服务类中介机构，这类中介机构多为自主经营、自负盈亏的市场竞争主体；另一类是从事与公共部门有关的中介业务的中介机构，如国有企业资产评估拍卖，国有土地评估拍卖，以及其他公共资产评估拍卖，进入司法执行程序的资产评估拍卖，公共工程的招标和公共物品的采购代理，国有银行贷款的资信评估等等。对于上述第二类中介机构，它们大都属于从事与公共部门有关的中介组织，绝大多数是随着政府审批制度改革，从权力部门脱胎而来的，至今仍与政府存在着千丝万缕的联系，不少仍属于“二政府”，最有条件直接与政府打交道，并容易成为与权力机构和官员共同参与寻租、企业单位争租的传媒对象和腐败平台。

对于一些中介组织由于监管乏力，它们之间的竞争处于无序的状态。实践中，一些工程项目在招标之前，业主已有意属的承建单位。他们通过明示或暗示的方式，要求招标代理等中介机构想办法使其意属的承建单位中标。而招标代理机构要在竞争中求生存和发展，如坚持客观公正，就难以揽到业务。在这种激烈的利益冲突中，招标代理机构往往难以自持。

4. 权力监督不到位，权力干预助腐败

工程建设虽然一般实行筹建小组或筹建班子集体负责制，而且许多重大事项形式上是集体讨论决定，但实际上还是掌握实权的领导说了算。权力运行缺乏有效的监督，导致工程随意审批，如施工队伍不符合资质，则变相采取邀请招标方式来进行议标，如果另一竞争对手实力太强，则另行设置补充条文，暗定标主。如果行贿方供货不符合合同规定，杂质超标等，则可采取人情攻势、权力攻势或金钱攻势送礼给单位负责人，然后就“搞掂”了。如犯罪嫌疑人向某负责拆迁款的到账，而且拆迁款都由他本人一个人去催要，款项要来后他再把转账支票——补偿费转账给会计，最后会计付给聘用人，而整个过程都是向某一人说了算，会计仅凭向某的纸条来行事，从不过问钱财来路及去向，更无其他监督力量的参与。

（二）规范缺乏刚性，程序制约难奏效

1. 未至施工现场，评估仅凭调查测评，引致结果失去意义

我们在个案调查中发现有的工程建设程序缺失，导致个别腐败分子任意为之。如某评估公司，不是亲临现场具体参与测量，而是仅根据现场情况说明、工企组人员前期调查反映情况，以及其他人员现场收集资料就进行评估。如在某拆迁评估中，当工企组长因受贿而扩大拆迁补偿面积时，评估公司也不加核实就予以认可，以致评估失去意义。

2. 给予好处费，审核等部门见利忘义，不循程序违规审核

按照一般审计规定，审计须先把工程承包公司的决算报告拿出来，才能进行审计。然而有些审计部门，只要给足相关费用，则可以违反程序进行审计，使审计监督流于形式。更有甚者，有的工程决算根本没有经过审计，只是经过原来负责土建工作的吴某审核，其中也有部分经过领导签字。由于决算缺乏监督，难怪时有重复多算现象。

3. 透露招标标的，专家施工方共牟利，导致招投标走过场

有些项目单位主管行政领导或责任人直接参与编制招标文件、投标资格预审、审查标底、组织评标和确定中标人，介入了工程项目公开招标的全过程，造成身份不明，利益不清；人为设置“门槛”，歧视、排斥潜在投标人；有的以节约资金为由，简化公开招标应有程序，招标走过场，泄露标的，与投标人搞幕后交易。如南京市某地方办公大楼土建工程，江苏某公司向造价咨询部赵某行贿 3 万元，获得了标的数据后成功中标。可见，招投标搞半明半暗操作，表面看似公开，实则是谁给的好处多就把标投给谁，这是工程建设腐败犯罪案件中最常使用的伎俩。[①]

4. 未经报批程序，随意更改施工图纸，导致工程决算增高

通常，工程的预算与决算在 5% 到 8% 之间波动属正常。然而，根据某审计局对工程的审计决定看，决算的投资金额均高

① 参见中国温州商会网：《“六剑”刺工程腐败（上）》，http://www.88088.com. 最后访问时间 2009 年 09 月 17 日。

于投标价的20%—30%。究其原因是多方面的，但随意变更工程项目用材（按规定变更用材档次等，先要征得原设计单位的同意）；施工单位高估冒算，不按招标合同执行；招标的条款与合同的条款不符等是不可忽视的重要原因。如某公司，因建造的住宅楼不够分配，厂里临时更改图纸，将住宅楼增加一层，建筑面积增加到3000多平方米，加上附属工程，最终导致决算价增高50余万元。

（三）转型矛盾突出，不良风气助腐败

目前我国市场经济还没有完全建立起来，行业垄断，地区分割现象普遍存在，导致市场体系分散、零碎，缺乏公平竞争机制。伴随着社会加速由传统向现代转型，人们价值观念的多元化、生活方式的多样化、人际关系的复杂化，转型矛盾突出，加剧了工程腐败犯罪的发生。

1. 正常办事也贿赂，社会风气恶化

由于工程建设涉及施工方的生存，为了承揽到工程，施工方往往不惜任何代价和手段打通“关节”，对发包方的关键人员进行“公关”。由于我国市场经济体制尚需完善，行政权力介入经济活动的问题还没有彻底解决，完全平等的市场竞争环境仍在培育过程中，这便给了施工方以可乘之机。为了在不平等竞争中处于有利地位，一些个人及建筑单位积极求助于行政权力的介入，不惜采取各种手段进行“感情投资”，这为贿赂犯罪提供了土壤。有的公司第一次通过正当招投标赢得了胜利，但为了在今后的招投标中给予照顾，便私下里给予回

扣等。

2. 公司逐利不顾法，行贿受贿成风

恶性低价竞争，扰乱建筑工程市场秩序。有些施工单位为了能中标占领市场，盲目地降低投标价，你降10%，我降20%；你降20%，我降30%。竞标中的乱杀价，投标价甚至低于成本价，由此导致的偷工减料、拿工程质量换效益的情况将难以避免；个别施工单位甚至采取贿赂招标单位的某些领导或业务人员，以犯法的代价换取小集团的利益。

另外，一些公司的内部规定也助长了行贿受贿风的盛行。如某投标公司明文规定："只要你能为公司拿来大头，你自己本人就可以拿个小头"。具体也就是谁承接了经济适用房的销售代理业务（有很大利润空间），谁就可以拿到销售代理费一定比例的提成，所以公司员工纷纷竞相找关系。

3. 人情关系乱法纪，管理制度异化

一些狡猾精明的犯罪分子，从不搞赤裸裸的现时权钱交易。他们认为，临渴掘井，急用先送，太俗气了，容易被拒绝做成"夹生饭"，出了问题暴露的危险大，不如未雨绸缪，把功夫下在平时，文火慢功，水到渠成。因此，他们平时在与受贿对象"培养感情"上下功夫，让腐败分子无功受惠，对方红白喜事，婚丧嫁娶，都厚礼相送；新房装修，自告奋勇，不仅免费，还送上发票；子女升学，送钱祝贺；有病住院，携礼看望。这样做，让腐败分子感到某某很"仗义"、"够哥们"，日后有事，自然两肋插刀相助。[1]在与受贿服刑人员访谈中得知，他们的家境条件大都非常优越，其在被捕后也坦言受贿不是因为贪图钱财，也不是因为缺钱，而是因为当时认为大家相处比较好，行贿人都是其好朋友，好兄弟，给他帮了好多忙，拿他钱，他给报酬，也很正常，所以能心安理得。在这种人情关系中，缺乏刚性的制度约束不再有效。

4. 制度治理难到位，潜在规则盛行

尽管我国颁布实行了《招投标法》《建筑法》，但由于我国工程建设市场尚未发育成熟，公平的市场竞争机制尚未完全形成，以致在僧多粥少、竞争激烈的建筑市场，一些自身竞争力弱的单位不择手段求生存。如有的施工单位不注重提高自身资质，以自身的能力和信誉获得工程，而是把精力放在贿赂相关人员，非法获得工程上。又如大量由个人承包的无资质的、挂靠在建筑单位下的建筑行业工程队、个体包工队，为了合法中标，或采取挂靠资质较高的建筑企业，或向多个建筑企业借用多个资质进行多头投标，或不惜代价找其他建筑企业进行“陪标”。

（四）治理能力缺乏，内部管理生隐患

现在从事工程建设的很多是私营企业，它们有的虽然挂靠集体或国企，但实为个人独立经营；有的是集体企业或国企，

---

① 王新强：《提高建设工程质量与反腐败关系初探》，载《中华建筑报》，2006年5月9日第12版。

很多项目却是由个人承包经营；这些企业内部普遍存在管理不规范的问题。

1. 高危岗位不换岗，助长工程潜规则

企业的财务部、总经理工作部、人力资源部、物资部等，由于涉及工程建设人财物管理，因此常是行贿犯罪主攻的部门，而主管这些关键部门的部长、经理、主任等，也就成了高风险的人群。一些企业内部由于没有规定定期轮岗和换岗制度，以致有的领导在同一岗位一干就是几十年。在同一个部门的领导岗位干的时间越长，就越容易形成权力集中或一言堂，而权力一旦失去监督，就必然产生腐败。

2. 内部管理不严格，资质证明随便借

营业执照、资质证书等是企业进行生产、经营等的合法凭证。然而，一方面，有的建设单位内部管理混乱，出于利益或关系而将公司的营业执照、资质证书等整套投标所需报名资料随便外借，以致一些不法企业有机可乘。另一方面，有的建设单位打着其他投标人的牌子，租借资质证书，编造虚假业绩，以串标、围标等不正当手段骗取中标，使工程公开招标流于形式。更有甚者，一些本无施工资质的建筑公司，以行贿收买招标人，而招标人竟能帮助不具有资质的行贿单位办临时资质证书，并出面推荐。

3. 违法逐利成潜规，陪标围标共犯规

投标人串标围标，中标人分包转包工程。为逃避监管，在开标之前，招标人与投标人就已串通一气，或投标人之间“同一个鼻孔出气”，为占有足够的建筑市场份额，便私下签订“君子协定”，一家投标，几家作陪，形成自高而低的“梯级投标报价”，确保中标。加上有关部门审查不严，让挂靠资质承包方进入建筑市场。据调查，一些承建方由于技术力量和条件不够等原因，未获得建筑工程施工资质，但为了承接工程，挂靠有资质的施工单位，假借该单位的名义参与投标或直接承接分包工程。而被挂靠单位实际上并非参与工程的施工和管理，只是在结算时收取一定的管理费。而代理机构心知肚明，睁一只眼闭一只眼，在资格审核时给予投标单位以照顾，从而牟取私利。

（五）心理矛盾突出，自我约束乏力

1. 缺乏责任意识，玩弄权术捞好处

从调查的一系列触目惊心的腐败案例中，我们可以明显地看出：腐败官员缺乏责任意识，既不清楚自己的岗位有什么责任，也不知如何正确地、认真地履行自己的职责。一些腐败官员正是由于缺乏责任意识，忙于玩弄权术满足自己的私利，才走上了犯罪的不归路。

2. 失衡心理严重，致操行把持不住

工程建设领域相对于其他行业来说，工作辛苦，利润丰厚，但个人工资报酬却不是很高。于是，有些工程管理人员觉得自己的付出得不到应有的回报，而感到心理不平衡。看着其他行业的人员有房有车，面对自己经手的成百上千万元的财产，心有不甘而把持不住操行，从被动收受好处，直到主动索要贿赂。

3. 存在侥幸心理，积小恶终成大恶

从调查的案件来看，大多数收受贿赂的犯罪分子都存在侥

幸心理，也都有一套规避法律的措施。如受贿人刘某曾通过向纪委上缴5千元贿赂款，以掩人耳目；另一受贿人张某为了规避法律，受贿30万元后，抱着侥幸心理，制造虚假借贷关系，不仅借条分多次书写，而且还让行贿人写多张还款收据给自己，以期瞒天过海，逃避法律制裁。

（六）监督形式虽多样，但效果欠缺

1. 社会监督缺位

社会监督是监督公共权力不可或缺的重要力量，然而，我们在调查中发现，工程建设领域的社会监督严重缺位，具体表现在：一方面，在工程建设领域，社会力量既缺乏知情权，又缺乏监督表达渠道，更没有机会直接参与监督。常常在发生重大事故后，老百姓才能通过媒体披露了解一些腐败情况。另一方面，工程建设涉及勘察、设计、招投标等众多专业问题，一些社会力量，甚至专门的国家监督机关虽然开始介入工程建设领域的腐败预防，但由于没有建立相应的专业咨询系统，因此，社会监督乃至检察监督常因面临工程建设专业难题，而不能够全面、准确地把握工程建设中职务犯罪滋生的特点、规律，且无法开展有效的监督和职务犯罪预防工作。

2. 纪委等机构监督乏力

在社会监督缺位的情况下，纪检监察部门成了监督的主要力量。然而，单位内部的纪检监察部门由于缺乏独立性，监督的广度与深度常取决于单位的主要领导。如果单位领导本身腐败，或基于单位所谓效益、声誉等片面考虑，纪检监察常难有

作为。而即使领导重视，纪检监察人员对涉及众多专业知识的工程建设复杂环节，也难以充分发挥监督作用。

3. 内部制度治理不到位

调查中发现，各单位虽然围绕工程建设各个环节，制定了一系列的相关制度，但大多因缺乏配套执行程序或相应处罚措施而无法实施，为此，落马官员们常将制度戏称为“挂在墙上的东西”。单位不仅很难形成“凡事有章可循，凡事有人负责，凡事有人监督”的内部防控体系，而且内部对一把手的监督更是难有实质性的执行措施。如南京市某粮油经贸公司综合部经理在案发后承认，拆迁面积、时间、主管单位等，仅按照总经理指示办理。由于总经理是直接领导，加上最终审核权也在他手里，因此即使有错，也无人敢过问，只能照其指示办理。

四、工程建设腐败犯罪预防措施

针对工程建设领域腐败，乃至犯罪发生的原因，需要制度建设、体制改革、教育警示等多方面着手，落实预防措施。

（一）完善相关立法

针对贿赂方式花样翻新，容易因立法滞后导致打击不力，有必要通过补充立法、司法解释等及时堵塞法律漏洞。针对有些工程建设单位，不及时向司法机关移交涉嫌贿赂犯罪的案件线索，导致某些单位和个人毫无顾忌地实施贿赂，加剧不正当竞争的情况，有必要建立相应的制度和协调机制，加大对这一行为的惩处。针对受贿犯罪中，非法转移款项危害日趋严重的情况，一方面，可以探索建立一套审计追踪系统，以便一旦款项被非法挪用，罪犯就会马上被查出来[①]；另一方面，有必要在进一步研究的基础上，对一些特定情形的非法转移款项行为进行犯罪化处理。

（二）创新制度建设

制度是有效地遏制工程建设腐败犯罪发生的重要保证，为此，有必要加快廉政监督、管理等方面制度的制定与完善，推动完善内控机制。

1. 建立预防工作站，共建责任共同体

在重大工程建设中可以专门设立预防职务犯罪工作站，探索创新预防工作制度。本着参与不干预、尽职不越位、帮忙不添乱的原则，与有关主管部门、建设单位密切配合，围绕工程项目工作流程“公开透明”这个核心，推行项目公开、招投标公开、资金运作透明，对工程进行全过程监督，积极开展预防职务犯罪工作，推动建设各方开展“工程优质、干部优秀”争创活动，积极配合有关主管部门、建设单位推行“双签制”，把职务犯罪预防与加强对工程项目监督管理结合起来。同时积极提供法律服务，及时研究落实预防对策，大力开展法制宣传、

① 肖国金：《源头治理腐败工程对策性思考》，36页，载《湖北省社会主义学院学报》，2000（4）。

教育和咨询，增强预警功能，制定《预防工程建设腐败犯罪工作站职责》，规范预防工作流程，并派驻经验丰富、责任心强的人员担任站长，参与工程的招投标、工程资金使用、工程质量和安全检查等环节，大力开展腐败犯罪预防工作。

2. 尝试建立“代建制”，杜绝违法犯罪现象

“代建制”是指政府对非经营性政府投资的项目通过招标等方式，选择专业化的项目管理单位负责项目实施，严格控制项目投资、质量和工期，竣工验收后交付给使用单位的一种制度。这种管理模式在项目决策的科学性，提高项目管理水平和工作效率，控制质量、工期和造价，保证财政资金使用效率等方面显示出明显的优势；同时，在解决政企不分、责任不明、监管不力、效益不高、滋生腐败等方面，也可以发挥独特作用。由于“代建制”性质和特点与传统的“自建制”多有不同，内部管理制度比较健全，本身具有防止腐败的功能。“代建制”工程是一元管理多元制约的体制，可以在预防制度设立上侧重于共守规定方面。参与工程的各方在签订工程合同的同时，代建方与委托方、施工方、监理方还要相互签订《预防工程腐败犯罪意见书》，以此明确各方的共同守则，对相互制约、相互监督具有积极的作用。

3. 实行“廉洁准入”制度

我们调查发现：许多施工队在施工、工程款结算中存在非罪行贿行为，为杜绝此类企业参与竞标，防止该类非罪行贿行为进一步发展成为犯罪行为，可以按照“廉政准入、退出制度”，对法院判决书中确认的非罪行贿行为和检察机关决定相对不起诉书中确认的非罪行贿行为进行查询档案录入，启动行贿

档案查询程序。为了保证“廉洁准入”制度得以真正贯彻实行，应该积极开展行贿犯罪档案查询结果的利用工作。将查询工作作为招投标的重要内容和必经程序，对进入行贿犯罪档案“黑名单”的单位和个人，限制或剥夺其参与投标的资格，让行贿单位和行贿个人付出应有的代价，从而促进社会信用体系建设。

4. 高危岗位实行轮岗制度

对于容易发生腐败的重点岗位、高危岗位应该坚持轮岗制度。身处重点岗位的领导正职，连续任职原则上不得超过五年。其他工作人员，应本着保留骨干、不影响工作的原则，定期在单位内部轮换岗位。坚持用制度约束人、用制度管理人。在建设资金的管理和使用上，严禁“一支笔”，严格实行“集体领导，民主集中，个别酝酿，会议决定”的方式，未经各方会签，一分钱都不能动用。

（三）完善监督体系

权力失去监督必然会产生腐败。健全监督制约机制，充分发挥社会监督、政府专门机关监督、司法监督等作用，提高对工程建设进行监督制约的整体效能。

1. 建立交易双方承诺制，进行事前监督

在工程建设中，可以建立交易双方承诺制，进行事前监督。双方承诺制，是指在实行公开、公平、公正招投标的基础上，建设方和承建方在工程项目建设前，必须作出不发生贪污贿赂、渎职等职务犯罪的承诺。如果未履行诺言，出现不廉洁行为，将给予从重处罚；一旦发现腐败犯罪线索，检察机关将优先查处。

2. 建立建设过程备案制，进行提醒监督

工程建设过程备案制是指工程建设项目从审批立项到竣工验收均给予备案，发现问题及时查处，以起到提醒预防的作用。实践中，对于重大工程项目，应认真做好各项资料的搜集工作，在各个环节均建立档案。其内容有：工程建设项目的交易活动是否符合有关法律法规和规章制度的要求；各级领导干部有无利用职权插手、干预和影响建设的正常进行；招投标中心工作人员是否依法行政、廉洁勤政；投标人、供应商、中介机构等其他人员有无采取行贿、欺诈等不正当手段介入建设过程等。

3. 建立资金决算会审制，进行变更监督

变更合同、追加投资是工程建设过程中经常出现的情况，如果把关不严，往往出现暗箱操作等腐败现象。如何堵住这一漏洞？可以采用建立资金决算会审制的方法，即对工程建设项目的资金决算，特别是对变更合同、追加建设资金的项目，组织审计、监察等相关部门的专家进行会审，严格把关。

4. 建立履约回访考察制，进行实地监督

履约回访考察制是指对实施专项预防的建设工程项目，选择有代表性的单位、部门和不同层次的人员，采取问卷调查和个别交谈、座谈相结合的方式，了解双方执行廉政备忘录的情况，到实地实施考察预防。在廉政协议书签订后，除对实施专项预防的重点项目进行日常性的监督检查外，还需认真进行回访考察。

5. 建立交易活动公示制，进行社会监督

工程项目结束后，应该要求建设单位将工程建设情况进行公示，接受本部门干部职工和社会公众的监督。公示的内容主要包括工程名称、建设和承建单位、工程造价、审计和考察结果、廉政建设等情况以及举报电话等。在公示过程中如接到举报或发现问题及时进行核查纠正，这既是对工程质量的验收，更是对干部廉政建设情况的一次检验，也可以充分体现“阳光操作”。

（四）积极开展各种警示教育

警示教育制度是实行预防提醒、警示的一项前提性制度，也是参与工程建设人员的防腐必修课。警示教育有着独特的教育效果，是当前廉政教育中一种重要的方法。这种方式感染力强，它通过服刑犯的犯罪轨迹，及犯罪后给国家、单位及家人造成的不幸和自己渴望生活、渴望自由的悔恨，警示人们从中汲取教训，从而绷紧心中的一根弦，自觉抵制“孔方兄”的侵蚀。这种教育方式现场感染力强，容易引起心灵的震撼，可以取得“惩处一个人，教育一大片”的良好效果。可以分期分批组织工程腐败高危人员到监狱参加廉政教育现场会，并且安排在工程建设中贪污受贿被判处刑罚的服刑分子现身说法，以增强警示教育的效果。同时，相关部门还可以组织工程建设工作人员观看任长霞同志的先进事迹教育片和“两面人生王怀忠”、“蒋艳萍案件警示录”等警示教育片，用先进人物事迹感染人、激励人，用发生在本行业的职务犯罪案件警示人、震慑人、挽救人。

职务犯罪
预防制度研究

职务犯罪预防的权力控制机制研究
社会转型期的制度反腐机制研究
腐败预防与制度完善

第一章

职务犯罪预防的权力控制机制研究[①]

摘要：职务犯罪源自权力的滥用，而滥用权力的人，无不是为了满足其本能的物欲、情欲与权欲。既然人类不能，也无法消除欲望，只有通过内在和外在的约束，对其加以控制。伴随着社会转型加剧，熟人社会强有力的内在道德的约束已经不再可靠，而逐步建立起来的适应陌生人社会的，以公民权利、公共权力和社会权力制约公共权力的机制，已经成为现代社会防止权力腐败和职务犯罪发生的选择。

关键词：私权利，公权力，社会权力，制约机制

---

① 作者狄小华系南京大学法学院教授，博士生导师，南京大学犯罪预防与控制研究所所长；冯文新系南京市人民检察院检察官。本文公开发表于《法治研究》，2010（3）。

伴随着社会主义市场经济的确立与发展，尽管权力对经济与社会的干预范围呈总体缩小趋势，但权力引发的腐败却呈现出日趋严峻的态势。近年来，作为权力腐败主要表现形式的职务犯罪，呈现出危害越来越大、涉及官员职位越来越高、串案窝案越来越多、涉案领域越来越宽、作案手段越来越多样化的特点。哪里有权力，哪里就会有腐败，尽管引起官员腐败的原因极其复杂，但无不与权力的滥用有关。

拥有权力的人，之所以要滥用权力，无不是为了满足其本能的物欲、情欲与权欲。思想道德教育固然重要，但处于文化多元、价值多样的社会里，社会已经难以通过单纯的思想道德教育，对人的各种欲望加以有效节制，毕竟道德发挥强大作用所依赖的社会环境已经有了变化。为此，需要从“人性恶”出发，假设人人都是潜在的犯罪人，将权力的赋予与对权力的制约紧密结合在一起，建立起预防权力腐败的制度，才能最大限度地减少并有效地控制职务犯罪。

对公共权力制约与控制主要有三种形式，即以公共权力制约公共权力、以公民权利制约公共权力、以社会权力制约公共权力。预防职务犯罪的权力控制机制，应当是这三种权力制约的有机统一。

一、以公民权利制约公共权力

权力来自于民并服务于民，公民的权利既是公共权力存在的目的，也是公共权力运行的边界。因此，现代社会制约公共权力最为根本，也最为有效的手段就是保障公民的权利。然而，公民权利的保障也有赖于公共权力的行使，为此，以权利制约权力需要形成以下机制：

（一）民主的权力赋予机制

在我国，权力的赋予主要有三个层次，第一层次是公民通过选举形成国家权力机关——全国人民代表大会，并通过全国人民代表大会制定宪法，确定公民的基本权利和义务，规定国家机构设置、职权等，从而完成最初的人民赋权。第二层次是具有立法权的国家机关，根据宪法制定相关法律、法规进一步的赋权。第三层次是依法成立的国家机关再依法赋权于国家工作人员。公共权力虽然具有保障和促进公民权利的积极作用，但公共权力不仅在其设立时总是以对公民权利的限制为前提的，而且它一旦设立，由于行使权力的机关或个人，也有自己的利益，如果没有限制，他们会使自己的权力趋于膨胀，并可能使其成为摄取部门和个人私利的工具。为此，防止权力腐败，首先要从权力产生的源头上，抑制权力的自我膨胀。而解决这一问题最有效的办法，是扩大立法授权、机构授权的民主参与，让机构的设置、权力的赋予、编制的增加等，真正由人民做主。人民当家做主，需要通过完善相关程序性制度，让民主参与成为一种现实。其次，为防止机构自我扩张和扩权，一方面，细化经费预算，强化人大的预算审查，严格控制机构经费使用；另一方面要杜绝预算外的收入来源，真正实行收支分开，以釜底抽薪的方式控制机构的自我扩张。当然，财政收入主要来自公民缴纳的税费，而防止税费被滥用的最有效的办法，是赋予公民对税费使用的监督权。

（二）规范的权力运行机制

法律的赋权是抽象的，而权力的运作是具体的，虽说权利是权力行使的边界，但这一边界的清晰程度，既取决于权利的具体化，也取决于赋权后对权力运行的进一步规范。在行使权力以追求行政、司法目标时，我国素有重目的、轻手段，重实体、轻程序，重结果、轻过程的文化传统，也正由于对权力运行缺乏严格的程序控制，一味靠掌握权力个体良知的内在控制，导致越权、渎职和滥用职权等腐败现象的产生。建立规范的权力运行机制，着重要抓住三个环节的工作：

一是权力运行的透明与公开。它既是公民实现知情权的要求，也是公民对权力实行有效监督的需要，更是让权力更好地服务于民的保障。阳光是最好的消毒剂，任何权力的暗箱操作都必然导致腐败。由于授权关系不明、权力与权利界限模糊、规范权力的程序制度不完善，加之地方利益、部门利益乃至个人利益的影响，有的官员习惯于将权力神秘化，以“保密”、“无可奉告”等各种理由“弄权”。为此，要继续大力推行政务公开、执法公开等改革措施，并及时将改革的成果固定下来，逐步形成透明、公开的公共权力运行机制，让各种内部规定、“潜规则”、“长官意志”，在阳光下失去作用。

二是自由裁量权限制与制约。为了让抽象规则能够更好地适应千变万化的具体个案，权力在运作过程中，掌权的人享有一定的自由裁量权是必要的。但为了防止自由裁量变成随意性执法，防止自由裁量的余地变成权力寻租的空间，需要对自由裁量权适用的范围、对象、条件、结果的说理、公开等做出详细规定。

三是权力运行中的奖与罚。一方面，由于历史的原因，许多本应由财政保障的公共权力部门，需要依赖公共权力运作收取费用来弥补经费之不足。另一方面，为了鼓励公务人员努力工作，公共权力部门都形成了利益导向的激励机制。为此，今天的许多权力运作都或多或少与利益挂钩。为了避免公共权力部门和执法者个人在趋利本性支配下，使用手中掌握的权力为部门或个人牟取利益，一方面，对行使公共权力的国家机关实行全额财政保障，彻底消除权力运行中的利益导向，并严格按照市场经济规则，彻底剥离附属于公共权力机关的各种赢利性的所谓内部服务性机构。另一方面，将公务人员的收入与其岗位、职级相挂钩，并依据考核结果，通过岗位、职级调整体现奖勤罚懒，而用于激励的费用都应当纳入预算，并由相关部门统一发放。取消各单位自行发放奖金福利的做法，避免各单位为扩大自己可支配的利益，而进行选择性执法，同时防止不同部门公务人员相互攀比，形成相对剥夺心理，助长腐败之风。

权力运行的边界越是清晰，对权利的保障就越有利，而权利对权力的制约作用也就越有效。

（三）畅通的权利救济机制

有权利，便有救济。如果说民主的赋权机制、规范的权力运行机制是为了防止权力腐败以损害权利，那么，权利救济机制在于权利受到权力侵犯以后，能够及时获得国家权力的保护。相对于公民个人权利，国家权力处于明显的强势地位，因此，当权利受到公共权力的侵犯时，仍要求助于公权的保护。从这个意义上讲，权利救济既是权利制约权力，也是一种权力对权力的制衡。

我国的国家权力区分为立法权、行政权、审判权和检察权。这虽然与西方的权力分配方案不同，但四权之间存在着分工制衡关系，这就使寻求公权救济受公权侵害的权利成为可能。“大凡认真考虑权力分配方案者必可察觉在分权的政府中，司法部门的任务性质决定该部门对宪法授予的政治权力危害最寡，因其具备的干扰与为害能力最小。行政部门不仅具有荣誉、地位的分配权，而且执掌社会的武力。立法机关不仅掌握财权，且制定公民权利义务的准则。与此相反，司法部门既无军权、又无财权，不能支配社会的力量与财富，不能采取任何主动的行动。故可正确断言：司法部门既无强制、又无意志，而只有判断；而且为实施其判断亦需借助于行政部门的力量。”[①]司法裁判权的特点，决定了司法救济在权利救济中起着核心作用。

现阶段，中国社会正由传统向现代加剧转型。伴随着文化

---

① ［美］汉密尔顿等：《联邦党人文集》，程逢如等译，商务印书馆，1980。转引自2006年第8期《读书》第160页。

的多元化、利益的多样化，各种利益矛盾剧增。为应对稳定与发展的需要，公共权力在从经济领域逐步退出的同时，加速向社会生活的各个层面渗透，由此，也引起了权力与权利关系的紧张。“在一个利益分化和利益主体多元化的社会中，一个好的制度往往并不是表现为其中没有或很少有矛盾或冲突，而是表现为它能够容纳矛盾与冲突，同时，能够表现出很强的解决冲突与纠纷的能力。由此可见，和谐社会不是一个没有利益冲突的社会，相反，它是一个有能力解决利益矛盾和化解利益冲突，并由此实现利益关系趋于均衡的社会。”①

针对社会转型时期权力与权利冲突增多，而权利救济渠道不畅的状况，需要从三方面完善权利救济机制：

一是扩大权利救济的范围。有权力便要受监督，有权利便要有救济，这是保障权利、防止权力腐败的最好药方。受义务本位、官本位思想、社会矛盾剧增、司法资源不足等综合因素的影响，法律赋予公民的权利，并不能在受到公权侵犯后，都能依法寻求救济，以致对有些失职、渎职和滥用职权的行为，难以通过权利救济予以监督。为此，需要依据有权利便有救济的原则，进一步扩大我国公民权利的救济范围，特别是司法救济的范围。

二是重振司法救济的权威。权利救济有许多途径，但司法救济则是权利救济的最后手段。因此，兼具公正与效率的司法救济，是实现公平正义、维护公民权利、监督公共权力的最后

---

① 李斌斌、周行：《和谐社会需要畅通的利益表达机制》，载《社会主义研究》，2008（4）。

一道关口。针对当前司法裁判存在的问题，要通过深化体制、机制和制度改革，纠正审判机关日趋严重的行政化趋势，真正确立裁判的中立性，重振司法救济的权威，以确立其在权利救济中的核心地位。

二是构建多元化权利救济。司法救济具有终极性，但权利救济需求的广泛性、司法资源的有限性、决定了权利救济要走多元化道路，真正使司法救济成为最后的手段。一方面，对于民间纠纷，仍要倡导通过制度化的民间调解化解矛盾，而公民自治能力的加强，就可以缩小权力干预面，从而起到控制权力扩张的作用。另一方面，对于由公共权力行使引起的官民纠纷，可依托现有的人民调解组织、仲裁机构、信访机构，形成民间、行政、司法相结合的“大调解”格局，将过去一级一级批转办理信访，变成现场联合办公，以及时化解矛盾，避免矛盾激化。

二、以公共权力制衡公共权力

“一个立法权、一个执行权以及一个司法权，这包含了所谓的和所理解的政府之全部。正是通过平衡这些权力中任何一个和其他两个权力，就可能制约和限制人性中趋向暴政的驱动力。”[①]我国的国家权力结构虽然区别于西方的三权分立，具有“一权独大，三权并立”的特点。根据“议行合一”的原则，人

① ［英］M.J.C. 维尔著：《宪政与分权》，24页，苏力译，三联书店，1997。

民代表大会作为国家唯一的权力机关，主要行使国家的立法权，产生并监督“一府两院”。人民政府、人民法院和人民检察院，其实只是受人大委托行使部分本由人大行使的权力，但为了防止权力滥用，在人大对“一府两院”实施有效监督的前提下，“一府两院”也要形成有效的制约。

根据我国的权力结构和相互制约特点，四权之间的制约主要有两种形式，即分权制衡和控权制衡。

（一）分权制衡

分权制衡，是指行使不同性质权力的国家行政、裁判和检察机关之间或行使同一性质权力的不同职能部门之间，为实现同一个目标，而分享不同的权力所形成的相互制衡。我国“一权独大，三权并立”的分权在本质上不同于西方的三权分立，但形成权力之间的制衡，以防止权力滥用应是现代分权的共同目的。在我国，行政权、裁判权与检察权之间的分权制衡具体表现为三种形态：首先为统一的国家目标，国家权力分别由立法权、行政权、司法裁判权和检察权构成，并由人民代表大会统一行使国家的权力，行政机关、审判机关和检察机关作为人大的执行机关，根据人大授权行使相关国家权力。由此，形成了人大对行政、司法和检察的纵向控权监督和行政、司法与检察之间的平行的分权制衡监督。其次表现为某一国家权力的实现层面，有时需由不同性质的国家机关承担不同的权能，如国家刑罚权区分为侦查权、起诉权、裁判权和执行权等四种权能，而四种权能则由行政机关、检察机关和裁判机关分别行使，从而为实现统一的刑罚权而形成分工和制衡。第三表现为同一性质的权力内部形成的分工制衡，包括同一性质不同机构之间的分工与同一机构内部不同层级或同一层级不同职能部门间的分工制衡。

分权制衡是现代权力制衡的主要形式，也是我国未来防止公共权力滥用的重要方法。现阶段，我国的分权制衡存在以下问题：

首先，授权不明确，监督不到位。人民代表大会作为国家权力机关，对由其产生的行政机关、检察机关和审判机关实施有效的监督，是公共权力服务于民的根本保障。毫无疑问，我国人大与行政、检察和审判机关的授权关系是明确的，但由于人大对这些机关的监督不到位，因此，一些执法部门和个人，模糊了权力取之于民、用之于民的授权服务关系，并导致 “部门执法”、“为乌纱帽执法”等现象普遍存在。

其次，部门立法，利益部门化。在我国，主要由全国人民代表大会及其常务委员会行使国家立法权，经人大授权，国家行政机关也行使部分立法权。但一方面，由于我国多采用部门牵头起草法律的立法模式，加之立法过程中的民主化程度有待提高，因此立法过程应有的民主协商，常常变成了部门之间的讨价还价。部门立法必然导致利益的部门化，并形成法律之间的冲突，而重复或交叉授权，又会使上位法律形成的分权制衡形同虚设。另一方面，我国还没有违宪审查机制，对于国家机关违法，特别是违宪行使权力，导致动用公共权力在执法与行政过程中谋取部门利益时有发生，从而严重损害法律权威，致使本来脆弱的分权制衡，更难起到防止权力滥用的作用。

第三，分权不彻底，制衡不到位。行政权、检察权和裁判权等不同性质的权力，以及行政权中具有不同特性的权力，需要由不同机构或部门来行使，并形成平行的双向制约，才能有效避免权力不受制衡而腐败。但在我国的现实生活中，一方面，不同性质的权力分工不科学，以我国的劳动教养为例，这样一个涉及对公民权利剥夺的处罚，却由行政机关，而且是唯一的行政机关独享权力，这种缺乏分权制衡的权力也就难以避免滥用。另一方面，同一性质的权力分工不尽合理，如侦查权与羁押执行权虽然都为行政权，但为避免同一机关行使这两项权力可能带来的腐败，通常将权力赋予不同的行政机关。而我国仍由公安机关独享这一权力，这也许是刑讯逼供仍屡禁不止的重要原因之一。

（二）控权制衡

控权制衡，是指另设一公共权力对实现某一行政或司法目标的公共权力进行制约。由于这一权力的设定对于实现某一行政或司法目标不是必不可少的，而是为防止行政权或司法权的滥用而另设的监督性权力。我国的检察权，在追诉犯罪的过程中，一方面，承担着批准逮捕、审查起诉职责，与侦查权、裁判权形成了分权制衡关系；另一方面，又承担着对侦查、司法、执行等活动是否合法进行专门监督的职责，而这种职责区别于逮捕、审查起诉等具有控权制衡的性质。

控权制衡在我国权力制约中占有重要地位，但由于这种权力制约方式自身的局限性而普遍存在两方面的问题：

其一是，控权制衡与分权制衡同时存在易发生冲突。仍以我国的检察权为例，当检察机关在刑事诉讼中，既行使公诉权，又要行使对侦查、审判的监督时，就会出现控权制衡与分权制衡的冲突。此时，若强调控权制衡就会削弱分权制衡，反之亦然。这主要是因为两种权力制约方式，有着完全不同的特性，控权制衡表现为一方对另一方的监督，具有单向性，而分权制衡则是双向的。

其二是，控权制衡容易形成权力扩张与腐败加剧。有权力就会有腐败，监督权力的权力也要受到监督，但由于控权制衡只存在一方对另一方的监督，因此，要防止监督权的滥用，还需要不断另设权力对此进行监督，如此循环往复，不仅容易导致权力的不断扩张，而且腐败也会随着权力的扩张不断加剧。

（三）权力制衡权力的机制

根据以上对我国分权制衡和控权制衡存在问题的分析，要充分发挥公共权力制衡公共权力的作用，需要从以下几方面入手，进一步完善我国的权力制衡权力的机制。

首先，加强人大监督，形成授权、监督统一机制。控权制衡由于无法形成权力相互制衡的封闭环，因此，需要由一种绝对可靠的权力作为终极的监督权，以防止权力的扩张和由于扩张而导致的腐败加剧。我国“一权独大，三权并立”的权力结构，决定了人大对由其产生的行政、检察和审判机关的监督是一种源头上的监督，也是最为重要的控权制衡。由于行政、检察和审判机关的权力源自由人大制定或委托其他机关制定的法律、法规的授权，因此，一方面既要通过加强立法的民主化、科学化，兼顾制权与效率价值，形成既有利于权力相互制衡、又有利于权力更好地服务于人民利益的合理分权，又要通过完善人大立法备案审查、建立人大违宪审查、维护国家宪法的至上地位，确保国家法律的统一和正确实施。另一方面，各级人大要强化对由其产生的国家机关和由其选举产生的国家机关工作人员的监督，充分行使罢免、质询等权力，确保受委托的机关和国家机关工作人员依法行使职权。

其次，强化分权制衡，形成纵横交错制衡机制。鉴于控权存在的固有问题，在保持“一权独大，三权并立”的权力结构前提下，不论是不同性质国家机关的权力配置，还是同一性质国家机关的权力配置，抑或是同一国家机关内部不同部门的权力配置，所有平行的横向权力配置，都要遵循分权制衡的原则。通过不断强化横向的分权制衡，逐步形成纵向上具有上下授权关系的控权制衡和横向上具有平等关系的分权制衡，形成纵横交错的权力制约机制。

第三，完善问责制度，形成“责、权、利”相统一的机制。国家工作人员因履行为人民服务的职责而拥有职权，并因承担责任而享有相应的利益保障。“责、权、利”相统一，本是保障国家公务人员依法履行职责最为有效的机制之一，但长期以来，由于违法责任不明、问责程序缺乏，加之官场潜规则、封建特权思想等影响，因此，当官成了有权、有势、有利的高回报低风险职业，以致社会“官本位”思想日趋严重，一些人不惜跑官、买官，为当官而削尖脑袋。形成“责、权、利”相统一的机制，重点要解决公务人员“易进难退”、“好上难下”、有权、有利而无须承担责任的问题，完善官员问责制度，不仅在赋予职权的同时，要明确责任，规范问责程序，而且要在渎职、滥用职权而造成公民生命财产安全损失甚至危险时，切实追究相关官员的责任，真正使当官的高回报与高风险相适应。

第四，完善惩防体系，形成惩防一体化机制。在我国，检察机关作为国家专门的法律监督机关，承担着查处职务犯罪的职责，并与党和政府相关部门共同承担着预防职务犯罪的职责。针对当前职务犯罪高发的态势，要加大惩治力度，但鉴于“对于犯罪最强有力的约束力量不是刑罚的严酷性，而是刑罚的必定性”，[①]惩治职务犯罪要变“厉而不严”为“严而不厉”，[②]并根据职务犯罪诱惑无处不在的客观现实，“小洞不补，大洞吃苦”的道理，对公共权力腐败行为采取“零容忍”。整合纪检、监察和检察力量，形成查处工作的有效衔接，不断扩大职务违纪、违法犯罪的查处面，不让任何人从腐败中得到好处，从而消除职务犯罪普遍存在的侥幸心理。在以惩治以治标的同时，更要重预防这一治本措施的落实。纪检、监察和检察，要善于从个案查处中发现问题，并通过个案剖析、类案分析，举一反三，由点到线，由线到面，再由面到体，推进职务犯罪的预防。职务犯罪的预防本质上是一种群众性预防，因此能从群众中获取更多查处职务犯罪的线索，以进一步提高查处率。当然，职

---

① ［意］贝卡利亚著：《论犯罪与刑罚》，黄风译，59页，中国大百科全书出版社，1993。

② 参见储槐植：《刑事一体化论要》，54页，北京大学出版社，2007。

务犯罪预防更重要的是建立起预测、预警、预防机制，为此，有必要建立职务犯罪的监测网络和职务犯罪调查和统计制度，以更科学而又富有成效地进行预防。

三、以社会权力制约公共权力

现代社会科学把社会组织分为：被国家授予公共权力，并以社会的公共利益为组织目标，管理各项社会公共事务，向全体社会成员提供法定服务的政府组织或公共部门；为私人所拥有，并以利润最大化为组织目标，通过在市场上出售其产品或提供服务以求得利润的各类工商企业组织，即营利组织或私人部门；以服务公众为宗旨，不以营利为目的，其所得不为任何个人牟取私利的非营利性组织或第三部门。在计划经济体制下，我国既没有私人部门，也没有发达的第三部门，唯有强大的政府公共部门，也就谈不上具有独立法律地位的私营部门和第三部门所拥有的社会权力，对公共部门享有的公共权力的制约。

随着社会主义市场经济的发展，不仅政府不再直接干预企业的生产经营，企业也因此获得了生产经营的自主权，而且各种非营利性组织也获得了较快的发展，社会自治能力也因此有所提高。[①]毫无疑问，我国的社会性权力已经开始形成，但也不

① 参见魏定仁主编：《中国非营利组织法律模式论文集》，1页，中国方正出版社，2006。

得不承认其力量尚弱，因此，对公共权力的制约仍然有限。

以社会权力制约公共权力，一方面，要进一步完善社会主义市场经济，在规范政府行为、根除权力经济的同时，维护好公平竞争的市场秩序，以有序和充分的竞争，挤压权力寻租的空间。[①]另一方面，在严格规范非营利组织的同时，充分尊重宪法规定的公民结社自由，大力发展第三部门。中国社会的极其复杂性，决定了它需要一个强大的政府，但即使是强大的政府也不可能包办一切社会事务，因此，需要培育发达的市民社会。市民社会作为国家权力体制外自发形成的一种自治社会，是衡量一个社会组织化、制度化的基本标志，也是建设法治国家的基础。第三部门作为公民自治的组织形式，它的发达不仅可以扩大公民的权利，缩小公共权力的干预，而且也可以直接形成对公共权力的制约。

毋庸置疑，公民的权利、公共权力和社会性权力都可以起到制约公共权力的作用，但如果要使这种制约效果最大化，还必须有效整合各种制约力量，形成系统控制机制。不论是公共权力，还是社会性权力都源自公民权利，因此，公民权利对公共权力的制约具有基础性，是一种源头上的监督。如果这种源头性的监督不能充分发挥作用，其他对公权的制约形式就会因缺乏原动力而无力监督。以公共权力制约公共权力是以公共权

---

① “政府干预所导致的市场扭曲阻碍了市场的供需平衡以及资源的有效配置。这种情况下，腐败是国家干预不适当的症状（Ades and Di Tella，1999）”，[德]约翰纳·伯爵·兰斯多夫著：《腐败与改革的制度经济学》，50 页，清华大学公共管理学院廉政与治理研究中心译，中国方正出版社，2007。

力的合理分权为前提的。因此，在坚持党的领导、坚持人民当家做主的人民代表大会制度前提下，要通过不断推进我国法治，合理配置政府、检察、审判机关权力，真正使我国的检察机关、审判机关能够独立行使职权。社会自治程度既反映国家法治程度，也反映市民社会的成熟程度。社会权力的发展壮大，是与公民权利的扩大和公共权力受到严格规范相一致的。

第二章
社会转型期的制度反腐机制研究①

摘要： 反腐败，制度是根本。处于转型期的我国制度反腐，从静态看，不仅存在着已有制度自身边界模糊、内容相互冲突等问题，而且缺乏公众对制度普遍信仰的基础。从动态看，制度在实施过程中，人情关系的干扰、“权力”的不当干预、助长“潜规则”盛行，诱发少数官员的贪欲膨胀。为此，制度反腐需要构建不能贪、不愿贪、不敢贪和不必贪的制度反腐败机制。

关键词： 制度缺陷，不当干预，反腐机制

① 本文系南京大学犯罪预防与控制研究所与鼓楼区检察院合作课题阶段性成果。作者：狄小华（男）系南京大学法学院教授、博士生导师，南京大学犯罪预防与控制研究所所长；高卉（女）系中纪委研究室工作人员。本文公开发表于《南京社会科学》，2012（3）。

引言

源起于2008年的世界性金融危机，在全球范围内带来前所未有的压力与挑战。为应对这场突如其来的经济危机，拉动内需，扩大投资，中国政府于2009年初宣布了4万亿的投资计划，全国各地万千工程正在或者即将启动。而在政府主导的工程建设中，如何处理权力与金钱的关系，如何保证官员的清廉与工程的质量，如何避免腐败就成为学界关注的焦点问题。在制度是反腐的根本这一理论基础之上，我们调查了2007年至2008年南京市发生的所有工程腐败的案件，通过阅读案卷材料以及到监狱访谈落马官员，试图清晰地再现官商权钱交易的过程。

正如斯密在《道德情操论》中的论述，在人类社会的大棋盘上，每个个体都有其自身的行动规律，和立法者试图施加的规则不是一回事，如果它们能够相互一致，按同一方向作用，人类社会的博弈就会如行云流水，结局圆满。如果两者相互抵触，那博弈的结果将苦不堪言，社会在任何时候都会陷入高度的混乱之中。在判断制度体系是否在特定领域发生作用时，就势必要讨论如下两个问题：一是静态层面，制度本身是否完善以及是否构成严密的系统；二是动态层面，制度与社会环境是否融合，即制度是否被切实遵守和执行。在社会加剧由传统向现代转型，推进社会主义法治国家建设的过程中，一方面，制度存在边界过大、相互冲突且不被普遍信仰等问题；另一方面，即使是并不完善的制度，也会因人情、权力等干预而难以得到严格遵守。在社会加剧变迁这一特定时期，道德的约束力因人们价值观念多元、人口流动性加大而趋于弱化，而陌生人社会形成过程中的制度约束力尚且有限，掌握权力的官员在面对各种权力、美女与物质诱惑时，本能的欲望常常难以抑制，腐败由此屡禁不止，即使反腐制度不断推陈出新收效也往往不甚明显。

一、制度反腐的静态分析

“每个有权力的人都趋于滥用权力，而且趋于把权力用到极致，一切有权力的人都容易滥用权力，这是一条万古不易的经验。”[①]先哲孟德斯鸠的至理名言深刻地揭露了权力扩张的本质，而腐败就成为权力扩张的最大恶果。目前，“腐败已成为我国最大的经济损失、社会污染和政治挑战。”[②]它侵蚀着社会结构的每一个环节，泛及社会各个领域。而对于反腐败，制度是根本。正如邓小平同志所指出的：“克服特权现象，要解决思想问题，也要解决制度问题。”制度问题“更带有根本性、全局性、稳

① ［美］E · 博登海默：《法理学 法律哲学与法律方法》，55 页，邓正来译，中国政法大学出版社，1999。

② 胡鞍钢、过勇：《转型期防治腐败的综合战略与制度设计》，载《管理世界》，2001（6）。

定性和长期性。”[1]经多年来的反腐实践证明，制度反腐被公认为是从源头上遏制腐败发生的有效手段。我国正处于社会转型期，制度在不断完善，但腐败却未因此得到有效控制。这既有制度本身的问题，更有遵守与执行的问题。而制度本身是否完善，成为影响制度反腐效用的首要因素也是前提条件。具体说来，包括以下几方面。

（一）制度的边界

每一项制度中，都有允许和不允许的限制性规定，这种明确的规定就被称为制度边界。理论上说，制度设计的一项基本准则，就是尽可能使制度边界趋于零。但在中国，新的市场经济体制正在逐步建立之中，各方面的配套措施还很不完善，旧的制度规范在渐渐失效，新的制度规范建立又跟不上转型的步伐，于是过大的“灰色地带”便应“转型”而生。另外，现实中的制度在许多时候又不可能制定得过于精细。考虑到我国地广、人多、地区发展不均衡、民族习惯差异大等复杂因素，许多制度只能做一些原则性的规定。这都导致制度边界的存在，而种种利益交换往往就发生在这一灰色空间内。灰色空间越大，公职人员享有的自由裁量权就越大，可供交换的利益也就越大，腐败自然也就越多。从权力的角度讲，制度既向公职人员赋予权力，也对其权力界限及程序进行限定。理想的状态是权力扩张至何处，制度规范的边界就在何处。而当下扩张的制度边界

---

① 《邓小平文选》，第 2 卷，333 页，人民出版社，1994。

却纵容了无限制的权力，进而导致腐败。调研结果显示，工程建设由于其自身的复杂性和特殊性，往往存有比较宽泛的制度空间，往往赋予政府、投资方、施工方、政府监管部门等较为广泛的自由裁量权。调研中不少官员反映，想“暗箱操作”而又不公然违反规则的方法很多。譬如某市原建设局局长提及将工程化整为零，通过多立项而规避《招投标法》，直接将工程发包给施工方。此外，《招投标法》虽然严格规定招标、投标的具体程序、措施，却并无对招投标公司的规定。这就导致政府往往下设或与某家招投标公司产生长期业务联系，招投标公司甚至成为行贿受贿的桥梁与中介。

（二）制度的冲突

由于官僚制在精确性、稳定性、可靠性和纪律严明方面的优势，[①]各国社会治理无一例外都依赖于各级官僚机构。官僚机构虽为管理社会而组建，但一旦生成就会形成相对独立于社会的自我利益需求。“在任何有关改变政策提议的辩论中，都可以发现争执双方掺杂着那个部门或机构的官僚利益。”[②]中国当前利益格局的多元化和法治的不完善为机构自利提供了较大空间，而利用本机构所享有的制定法律和政策的权力为己圈定权力界限和利益就成为自然的选择。不可避免的部门利益冲突，势必

① 参见［德］韦伯：《支配社会学》，24－31页，康乐、简惠美译，广西师范大学出版社，2004。

② ［美］安东尼·唐斯：《官僚制内幕》，193页，郭小聪等译，中国人民大学出版社，2006。

带来规则乃至整体制度的冲突。下位法对上位法的突破，平行法律之间的摩擦比比皆是。这种相互冲突的规则不仅无法保证制度的系统性，同时会造成制度执行的障碍。反腐制度是个整体，它的效用并非取决于某一个具体的法律条文，而在于各个相互联系的条文之间互相协调、配套，从整体上抑制腐败。官僚特性导致的部门利益，部门利益导致的规则冲突，在工程建设领域并不鲜见。往往单个制度看似周全，但从整体制度建设来看，相互之间缺少关联性。譬如建设系统的国家机关为确保本单位关联企业中标，通过红头文件对于投标企业的具体资质进行不符合上位法的规定等。此外，调研中发现，有部门在试行“招投标，集中采购”的方式，但是由于部门利益的牵扯，容易形成另一个集审批权、采购权于一身的机构，将“分散腐败”转变为“集中腐败”。

（三）制度的信仰

法律虽然具有强制性，但它的遵守与执行是以社会的绝大多数人，包括执法者和守法者发自内心的信仰为前提的。这种信仰表现为，民众相信法律和制度的存在，会让社会运行得更好。中国长期的人治传统使得这种法治信仰的生存空间有限。在法治逐步取代人治的当代中国，这种信仰缺失，在很大程度上阻碍法治社会的最终建立。在调研中，不少曾经身居要职的官员称制度为“挂在墙上的东西”。对于现有的法律法规，无论是施工方还是政府部门，都不去严格遵守。在工程建设领域，同样印证了我国法治建设中最大的问题：“中国不缺少制度，也不缺少法律，但缺少执行。”这实则体现了制度的信任危机。更深层次，则是社会公众对法治的信仰缺失：一切制度都有变通的可能。在工程建设领域，存在众所皆知的“潜规则”现象。创造这一概念的吴思先生说，所谓的“潜规则”，便是“隐藏在正式规则之下、却在实际上支配着中国社会运行的规矩。”[①]调研过程中，不少官员表示收钱送礼是社会常态，是人情往来。这种社会风气使得官员缺少对制度最基本的敬仰，而对不少突破规则的做法习以为常，这种对制度信仰的严重缺失，必然导致制度反腐基础不牢，效果无法彰显。

二、 制度反腐的动态演示

制度好，可以防止坏人做坏事，制度不好，甚至好人也可能做坏事。在任何关于腐败原因的论述中，都不排除官员个人贪欲的膨胀。在调研中我们的确也发现相当多的官员认为自己滑向腐败深渊的原因，在于心里不平衡，没有控制好自己对金钱的欲望。而结合中国实际，腐败的产生实则是官员在人情往来、官僚体制以及自身贪欲共同作用下的必然结果。人情社会的传统社会生态，以及现行官僚体制下上级可能对下级的越权干预，加上来自权力相对方的各种诱惑，都会促使官员本应被压抑的贪欲进一步膨胀，并在成本与收益计算过程中，做出腐

① 参见《潜规则》，百度百科 http://baike.baidu.com/view/63189.htm.

败的“理性”选择。

（一）人情关系下的“潜规则”

费孝通先生在《乡土中国》中提到的差序格局可以清晰地反映中国人的社会生态。“好像把一块石头丢在水面上所发生的一圈圈推出去的皱纹，每个人都是他社会影响所推出去的圈子的中心。”[①]在中国，“己”与他人之间的关系是网格状的。因为各行各业几乎都有自己所认识或者自己关系网所能涉及的人，办起事情来非常方便。这给法治要求的制度之治的推行带来了挑战，因为再好的制度在实施过程中，也会受到来自人情无所不在的掣肘。是熟人就是关系，而关系对于获取紧缺资源、疏通僵硬的制度约束，乃至利用规章制度的弹性获取自己的最大利益均至关重要。当可以通过疏通关系成功办事成为社会常态时，自然就会发生所谓“劣币驱逐良币”的现象，即正常制度无人遵循，拉关系、走后门却愈发普遍。

这种重人情关系的社会生态，给工程建设领域的制度反腐造成消极影响。首先，导致制度建设重灵活性而边界不清。在各种制度中，貌似严格的限制规定，又都会有不受以上限制的例外规定；这样那样的可作为与可不作为，却常缺失违反规定的相关后果。其次，形成群体压力而影响制度严格执行。不论处于怎样的群体之中，都会存在错综复杂的关系：同学、朋友、同乡、战友等等，再严格的制度，一旦到实际执行，都会面临

① 费孝通：《乡土中国》，23 页，读书 · 生活 · 新知三联书店，1985。

来自各方面的压力，不到“纸包不住火”或“国法难容”的地步，大多会大事化小，小事化了。再次，引起制度信仰缺失而“潜规则”盛行。传统社会本缺乏法律至上的观念，法律制度只不过是约束被统治者的统治工具而已。法治的观念在社会转型这一特殊时期远未被普遍接受，公开的制度规定越是体现出刚性，就越会因缺少人情味而难以被重人情关系的社会所接受。于是公开的制度成了挂在墙头上的东西，而实际发挥作用的却是另一套规则。公开的规则有时尚可打折，但“潜规则”的遵守却要不折不扣，否则就会面临巨大的足以被排除出群体的压力。

调研中我们发现，因为工程腐败落马的官员，年龄大都在40岁左右，往往是该单位的骨干力量，受党培养教育多年，兢兢业业十几年，专业素质过硬。在谈及腐败原因时，不约而同地提到“熟人打招呼”，或者“不熟的人不敢收他的钱，一起吃吃饭打打牌，大家彼此都很了解。我帮他做事了，也不是什么违法乱纪的事情，礼尚往来而已”。这期间就蕴含着官员与施工人员互动的过程。而推动这一过程发展的，莫不外乎“处处朋友”，“帮朋友的忙，于情于理都是应该的”。中国人一直是好面子的，手中有权却不为亲友考虑，那显然是很不给面子的一件事情。

（二）封闭考核体制下的“唯上”心态

现代法治社会，为保障取之于民的公共权力更好地用之于民，形成了三大监督公共权力的措施：即公共权力之间的分权制衡、公民权利对公共权力的监督以及社会性权力对公共权力的监督。以科层制建立起来的各种公共权力部门和在公共部门行使职权的工作人员，同样也存在部门利益和个人利益。为激励他们履行职责，更好地服务社会，并防止他们利用掌握的公共权力牟取部门利益和个人利益，建立考核评价机制成为一种必要。

近年来，我国的干部选拔和考核评价虽然进行了以公开为核心的探索，但封闭性的特点依然十分明显。具体表现为对公务人员或领导干部的考核评价，基本上是在机关内部或党内进行的，公共权力服务对象的民主参与明显不够。当官员的前途与命运由其上级决定时，就会助长官员的“唯上”心态。当官员的考核评价是由所在单位的群众做出，并且这种考核评价决定其前途时，他就会利用权力为部门牟取利益。当“数字”也能出干部时，那么，有的官员就会不惜造假与虚报。当表面文章能够博得上级赏识并获得提拔时，那么，有的官员就会不惜民脂民膏大做“形象工程”。既然权要为民所用，那么，权力所涉之民众，应当有权对行使这种权力的机关与公职人员做出评价，并且，这种评价应该能够在一定程度上决定他们的仕途。

现阶段，内部封闭式的考核评价，以及主要由上级决定下级仕途的现实，使得在各种工程建设中，主管部门、上级官员等或为部门争利，或为个人牟利，不惜打招呼、施压力，甚至公开发红头文件，严重干扰国家工程建设相关法律法规的执行。且不说负责工程建设、招投标的部门与人员也有关系和私利，即使他们心底无私也难以抵御上级权力的干预，而不得不妥协或变通执行制度。官员的“唯上”心态，不仅会助长上级官员的官僚作风，而且会进一步弱化人们的制度信仰。近年来，工程腐败中“串案”、“窝案”频发；一些官员虽犯罪落马，但单位职工对其却评价甚高；招投标中的捉迷藏式的博弈，规避招标、虚假招标、私泄标的、贿赂投标、哄抬标价、轮流陪标等层出不穷的招数，无不受此影响。

（三）权力缺乏控制下的官员贪欲

“人们奋斗所争取的一切，都同他们的利益有关。”[①]这就是说，人的本性是自私自利的，总是为某种利益而奋斗的，而且这种本性是可以遗传的。[②]人情关系、封闭的考评体制虽然是导致腐败的重要原因，但腐败官员贪婪的物欲、情欲与权欲，才是腐败的根本性原因。不可否认，在现有的用人机制下，虽然仍存在着“任人唯亲”，甚至跑官、买官、卖官等不良现象，但绝大多数选任的干部仍然是好的。在调查中，我们发现绝大多数落马官员，原本都有良好的素养，也曾在自己的岗位上做出过骄人的业绩，但为什么面对各种诱惑，却无法控制了呢？

“需要是人的内在的、本质的规定性，是人的生命活动的动力、根据。”[③]需要这一特性，决定了它不仅是理解人个体行为发生的根本动因，而且也是解释人之合群，乃至整个人类活动的依据。表现为物欲、情欲与权欲的人的需要，本身无所谓善恶。只有当为满足这些欲望而不择手段，违反人类社会基本的

---

① 《马克思恩格斯全集》，第1卷，82页，人民出版社，1956。

② ［英］理查德·道金斯：《自私的基因》，5页，吉林人民出版社，1998。

③ 邵名正等著：《罪犯论》，61页，中国政法大学出版社，1989。

道德、法律规范时，人们才给予否定的评价，并施予道德的谴责或法律的制裁。由于资金投入大，工程建设成为各种市场主体进行激烈利益博弈的主要领域。市场经济本质是一种法治经济，但当法治尚未成为现实，人们就会通过搞关系、行贿赂等各种不正当手段，获取本应通过公平竞争获得的机会与利益。于是，处于工程建设各个环节的当权者，也就成了市场主体竞相争取的对象。俘获当权者的方式虽然各种各样，但无不与堕落者贪婪的欲望有关。

面对来自不当竞争者抛出的各种诱惑，当权者本可以内在的约束力量和外在的控制力量加以有效抵制，但处于社会转型期，内在道德约束力在人情关系面前，因缺乏必要的舆论压力而显得苍白无力。在调查中，我们发现很多落马官员都曾对行贿加以抵制，但终究因“磨不开面子”而投降。本应同样具有内在约束力量的法律意识又在“潜规则”盛行的社会风气下，不为绝大多数人所真正具有。伴之而来的，还有外部控制的失效。看似对腐败官员严厉的惩罚，其实却是“厉”而不严。在惩治腐败起点数额不断提高，腐败犯罪黑数依然很高的情况下，对发现的犯罪给予从重处罚，并不足以打消犯罪人普遍的侥幸心理。在对落马官员的访谈中，我们不时听到他们这样的抱怨：“我是官场斗争的牺牲品，是没有保护好自己”、“我是被人搞下来的”，诸如此类。

（四）理性博弈下的腐败选择

按照新制度经济学的分析，腐败实际上是公职人员和那些参与腐败交易的人，在追求个体利益最大化的自利动机驱使下，经过成本和收益的计算后做出的一种“合乎理性”的选择。要理解他们何以均倾向于通过“舍弃制度”的方式行事，就必须从腐败的成本与收益进行分析。

腐败成本，即腐败行为者因腐败行为而付出的政治上、经济上、精神上和道德上的代价。[①]美国政治学家克里特加德曾经提出了产生广泛影响的公式。即当贿赂所得减去从事该行为所承担的道德损失和法律风险后，仍大于其工资收入和廉洁所带来的道德满足时，官员就会产生从事腐败的动机。用公式表示为：“腐败所得—（道德损失＋法律风险）＞工资收入＋廉洁的道德满足”。[②]腐败的收益是指直接贿赂收入，腐败的成本则包括法律风险、道德损失等。在加剧转型的中国社会，一方面，腐败不仅可以直接获得贿赂收入，而且还可获得使腐败收益增值的巨大的社会（关系）资本。另一方面，腐败的成本相对不高。一般的腐败几乎成风，不仅没有道德和法律风险，而且会获得“有本事”、“关系广”的评价，从而得到社会资源的收益；构成违法犯罪的腐败，一旦查出虽然可能要付出巨大的政治、经济、道德等成本，但工程腐败中的利益链、关系网、权力保护伞，使得腐败犯罪查处概率较低。近年来，工程腐败犯罪窝

① 虞崇胜：《腐败成本的确定和追付》，http://www.nbcp.gov.cn/article/lltt/200906/20090600002739.shtml，2009 年 8 月 9 日访问。

② ［美］罗伯特·克利特加德：《控制贪污腐化》，中央编译出版社，1998。转引自虞崇胜：《腐败成本论——加强反腐力度的新视角》，载《广州大学学报》，2009(1)。

案多发，与一些官员感到“廉洁吃亏”、“腐败受益”不无关系。

从一般的腐败行为，到腐败违法犯罪，通常会经历一个逐步演变的过程。当公款吃喝、公车私用、公费出国旅游等腐败成为一种普遍现象，当职务犯罪查处起点数额一再提高，当越来越多的人卷入腐败，腐败的道德损失、法律风险等可能付出的成本就会随之降低，理性博弈下的腐败选择，就会成为普遍现象。在调查中，许多落马官员承认开始时还是保持警惕的，基于人情关系只是吃吃喝喝，接受些小恩小惠。但当感情投资时间长了，关系近了，警惕性也就松了，不仅对请托不再抵制，而且会主动为对方牟取利益。而一旦官员腐败收益扩大到一定程度，又会成为行贿方手中的把柄，此时，腐败官员又会出现欲罢不能的局面。一些官员之所以越陷越深而难以自拔，无不与这种利益博弈有关。

三、制度反腐机制的建立

制度反腐不是“应当”而是“必须”，这已成为学界共识。[1]我们党也提出了“在坚决惩治腐败的同时，更加注重治本，更加注重预防，更加注重制度建设，拓展从源头上防治腐

① 学界有不少关于这方面的论述。譬如肖起来、杨忠科等都从不同角度对制度反腐的必要性以及重要性进行论述。参见肖起来：《制度反腐不是“应当”而是“必须”》，载《衡阳通讯》，2008（5）。杨忠科：《试论“制度反腐”》，载《鄂州大学学报》，2009（1）。

败工作领域”的反腐策略。针对当前推进制度反腐败过程中面临的人情干扰和权力干预，以及由此导致的官员贪欲膨胀，有必要构建不能贪、不愿贪、不敢贪和不必贪的制度反腐败机制。

（一）打造“不能贪”的制度，完善制度体系

严密的制度之网，可使掌权者“不能贪”。理想中的制度设计应是公职人员“想贪而不得”，即通过完善的制度设计，明确权力的界限，规范权力的行使，以确定的有执行力的规则作为抵制官员贪欲的最后一道防线。针对现行反腐制度规定的权力边界模糊，内容存在相互冲突等问题，一方面，要明确权力的边界，规范权力运行的程序。在任何人财物等利益密集和权力集中的领域，应尽可能通过科学与合理分权，实行有效的分权制衡。在必须有例外的情形时，要对这种例外情形做出详细规定，严防原则性下的所谓“灵活性”导致蚁穴溃堤式的腐败。而对任何自由裁量权的行使，都要事前制定严格的程序。以规范的程序保障自由裁量权行使的公开、民主，并以此有效防范“人情”、“权力”的干扰和干预。

另一方面，要增强制度的系统性和前瞻性。在反腐制度的构建中，国家反腐败机构要注重从整体上、宏观上对反腐败法律制度建设进行系统规划，拿出预防和治理腐败的整体制度设想和框架，使反腐败法律制度具有全局性、系统性和前瞻性。在制定有关反腐败法律制度时，要坚持立法民主，广泛征求意见，坚决打破“部门立法”和执法部门内部协商所必然导致的规则冲突。各部门在落实相关反腐败法律制度时，不仅制定的

实施细则、规定要建立严格的审查与备案制度，防止下位制度与上位法律制度间的冲突，而且要通过制度，特别是各部门自行制定的具体执行制度的公开，自觉接受监督，以避免“妥协执法”、“选择性执法”等现象的发生。

（二）营造“不愿贪”的社会氛围，增强制度信仰

反腐败制度具有规范权力、抑制腐败动机、增强廉政荣誉感等作用。但“徒法不足以自行”，反腐败制度建设只是反腐取得成效的一个必要条件，而不是充分条件。制度的实施，包括制度的遵守与执行，是以公民包括执法者对法治、对制度的发自内心的信仰为前提的。一旦行使公共权力的官员建立起对制度的信仰，就能达到官员“不愿贪”这一反腐败的最高境界。那么，怎样才能建立起公众特别是官员对制度的信仰呢？

一方面，要树立诚实守信的社会风尚。诚信，即守诺、践约、无欺，这是中华民族的传统美德，也是市场主体应当遵循的经济伦理规范，还是法律制度信仰形成的道德基础。现阶段，树立诚信社会风尚，需要着力解决以下问题：一要打造诚信政府。政府诚信在社会诚信体系中居于核心地位，因此，打造诚信政府是树立诚信社会风尚的关键所在。在社会主义制度下，一切权力属于人民，公共权力部门及其公职人员为实现人民利益而被赋予相应的职权，严格依法履行职责就是一种守诺、践约的诚信行为，反之，则是一种不讲诚信的背信弃义。伴随着价值多元，利益主体复杂化，享有公共权力的部门或个人，作为利益主体也存在着自身的利益，因此，为部门或个人利益而

违法弄权成为当前影响政府诚信的两大主因，表现为“妥协执法”、“选择性执法”、“钓鱼执法”、“养鱼执法”、“报复性执法”等形式多样的公共权力部门的执法方式，虽然只是少数公共权力部门的事情，但本质是为部门“逐利”而违背对人民谋福利的承诺。[①]表现为贪污、受贿、渎职等违反党纪国法的官员腐败，同样是一种为私利而对人民背信弃义的行为。而要从根本上解决以上问题，关键是要从制度上彻底斩断公共权力行使与部门利益或个人利益之间的直接联系。深化体制改革，在确保财政保障到位的前提下，剥离附属于或隶属于各种公共权力机构的营利性机构，取消各种以收抵支、收支不分、收费提成、返还等可能导致逐利性执法的政策，实行严格的财政预算，立法控制预算外资金，从源头上消除公共权力部门“与民争利”、为部门利益执法的动因。一旦部门逐利性执法得以解决，引发官员个人腐败的土壤也就会明显减少，若加上逐步建立起来的严密的惩防体系，整个腐败也就可以得到有效抑制。与此同时，政府的良好形象也将进一步确立。二要增强诚信荣誉感。诚信的荣誉感或因讲诚信获得正面激励而加强，或因不讲诚信受到负面评价而强化。为此，既要针对陌生人社会因信用信息缺失而容易形成评价失实的情况，在政府主导下，建立和完善机关、

① “妥协执法”参见张苏军：《监狱“妥协执法”现象剖析》，载《中国司法》，2001（3）。“选择性执法”参见张建伟：《选择性执法无益法治》，载《检察日报》，2009年9月3日。“钓鱼执法”参见沈颖：《“钓鱼执法”合法性遭质疑》，载《南方周末》，2009年9月23日。“养鱼执法”参见《“养鱼执法”风波追踪》，新华网2009年12月19日。“报复性执法”参见《安溪地税报复性折射不正当政商关系》，中国新闻网2007年12月28日。

企事业、社会团体及个人信用等级评价和查询系统，以使诚信者走遍天下，失信者寸步难行。当然，信用评级要科学公正，信用查询应当分级管理。又要针对同一行为是否为诚信行为的社会评价具有多元化与复杂性的特点，加强舆论的正面引导。在对老百姓关注的具体社会事件的讨论中，党和政府及其所掌握的舆论工具，可通过平等基础上的讨论，导入社会主义市场经济的主流价值，以对公众的价值取向起到潜移默化的影响。三要提高失信的成本。以血缘、姻缘为主要纽带的传统熟人社会，一个人是否诚信会受到严密的非正式监督。而进入现代陌生人社会，维持诚信的非正式监督因人口流动加剧和价值多元化而弱化，强化公共权力机构，特别是司法的正式监督对诚信的保障显得尤为重要。[①]当前，对于失信的违法犯罪行为，不仅要加大行政与司法的查处力度，而且要让行为人付出道德、经济和法律代价，从而扭转“诚实吃亏”、“欺诈发财”的不良社会心理。

另一方面，要形成法律至上的法治观念。制度信仰是制度反腐效果产生的前提，尽管“权大于法”、“潜规则”等人治现象依然在一定程度上存在，在有些地方甚至还很严重，但推进国家法治的进程已经不可逆转。法治的关键是要在全社会特别是公职人员中形成法律至上的观念，而这种观念的形成，不仅需要形式多样的法制教育，特别是针对各级领导干部的宪法教

---

① 参见［德］汉斯·约阿希姆·施奈德：《犯罪学》，552–554页，吴鑫涛、马君玉译，中国人民公安大学出版社、国际文化出版公司，1990。

育，而且更需要实施法律的行动。为此，一要尊重宪法的根本法地位，建立违宪审查制度，规范司法解释，严格规范性文件审核，确保法律制度的统一性和可操作性；二要以公开促公正，以透明防腐败，将政务公开、司法民主常态化、制度化，不断提高执法与司法的公信力；三要加大问责力度，增强制度刚性。针对授权不明、责任不清、处理任意的现实，一方面要加大完善制度的实体内容，依据有权便有责任，滥用职权或渎职就应当承担明确的法律责任的原则，明确各项职权相对应之各种形式的责任；另一方面要规范问责的程序，以公开和规范的程序防止问责过程中的各种干扰，以确保问责的公正。由于怠于行使职权和滥用职权，一旦造成后果难以弥补，因此，既要重视对责任人的追究，又要重视对导致问题的制度的完善；既要重视对产生后果的责任人的查处，又要重视对怠于行使权力和滥用职权尚未造成后果的官员的处理。唯有如此，才能在人们的内心形成严密的制度防线。

（三）形成“不敢贪”的惩罚体系，改变博弈理性趋向

将官员视作是理性经济人的结果就是腐败的根本原因在于成本与收益相比失衡。要改变这一现象，就必须从现有的利益格局入手，加大腐败成本，扩大廉洁收益，调整三者互动现状，改变力量对比，进而改变博弈结果，形成官员“不敢贪”的局面。

腐败犯罪既然是从一般腐败行为发展而来，那么，控制腐败犯罪首先要从控制一般腐败行为开始。在政策层面，对腐败行为采取“零容忍”政策，彻底改变对一般腐败的“宽容”，改

变对腐败犯罪“厉而不严”；在制度层面，完善廉政制度，建立起从一般腐败到腐败违法犯罪的系统处罚体系，改变对一般腐败行为制度评价的缺失；在实践层面，要发挥纪委、监察部门对一般腐败行为的查处力度，避免“小洞不补，大洞吃苦”，改变“廉洁吃亏”、“腐败受益”的评价。

对腐败采取“零容忍”可有效地减少腐败犯罪的发生，但从对一般腐败的“宽容”到“零容忍”将经历一个艰难的调整过程，保持对腐败犯罪的高压态势必不可少。但正如贝卡利亚所说：“对于犯罪最强有力的约束力量不是刑罚的严酷性，而是刑罚的必定性”，[①]加大司法查处腐败犯罪力度，检察机关既要突破查处腐败犯罪中的线索不多、案源不足的瓶颈，变被动受案为主动发现案源，又要切实解决对行贿者的证据依赖所形成的、对行贿与受贿犯罪处理一手软一手硬的问题。为此，有必要借鉴中国香港、新加坡的反贪经验，在依法赋予并规范检察机关窃听、跟踪等特殊侦查权的同时，适应打击腐败犯罪需要，形成污点证人、举证倒置等特殊证据制度。

（四）建立“不必贪”的保障机制，调整利益分配格局

重义轻利的传统价值取向，要求官员廉洁自律而又甘愿清贫。但随着社会主义市场经济的发展，社会的义利观念也出现了新变化。虽然重利轻义甚至为利而舍义需要坚决摒弃，但

---

① ［意］贝卡利亚：《论犯罪与刑罚》，59 页，黄风译，中国大百科全书出版社，1993。

“重义轻利”也已不合时代要求。廉洁不能总以官员的清贫为评价标准，而要以官员享有适应社会发展水平的“体面生活”为基础。

在社会发展的初级阶段，我们并不认为高薪可以养廉，但为公职人员提供必要的利益保障，是能够促使更多的公职人员在面对各种诱惑时，做出“不必贪”的理性选择的。经过公务员制度改革，我国公务人员的工资待遇已经有了很大提高，如果算上各种隐性收入，甚至可以称得上很好。但由于公务人员的利益分配，仍存在着诱发公务人员“心理失衡”的因素，因此，待遇提高并不能真正促进公职人员“不必贪”观念的形成。除上面提到的很多腐败得不到查处，以致越来越多的公务人员认为“廉洁吃亏”外，不同部门公务人员收入存在的巨大差距，不同岗位可资利用的职务资源（如公款消费、公车私用、公款出国等事实上已经成为一种待遇）存在的显著差别，一方面，容易让享有特殊待遇的公务人员形成特权思想，另一方面，也容易使得不到相应待遇的公务人员产生严重的心理失衡。

调整利益分配格局，建立“不必贪”的保障机制，一方面，要建立公务人员正常的工资收入增长机制，包括提升公务人员退休待遇，建立特殊岗位廉政保证金制度等，以良好的收入预期，抵制眼前利益诱惑。另一方面，平衡收入水平，改革奖励制度，特别是对表现为各种待遇的隐性收入，要下决心清理。分清公务保障与私人待遇，变暗补为明奖。

结语

制度主义是当前反腐败的主流，良好的制度安排是反腐败、建设公共伦理的一个重要向度。所谓良好的制度安排，一是制度本身是否完善、系统、明确，是否得到信仰；二是制度在与社会环境的互动中，是否得到有效执行和遵守。鉴于中国社会正处于由传统向现代加速转型的特殊时期，传统道德对腐败的约束力逐渐弱化，唯有大力推进法治，形成“不能贪”、“不愿贪”、“不敢贪”和“不必贪”的强有力的制度反腐利剑，方能有效遏制转型期腐败高发的态势。

第三章

腐败预防与制度完善[①]

——工程腐败中的权力规范

内容摘要：工程腐败案件中，行贿人与受贿人均属于“理性经济人”，双方经历了从“认识”到“交易”的博弈过程，折射出权力集中、随意性过大、缺少监管等深层社会问题。工程腐败的防治存在两种思路：一是密化制度，减少投机机会；二是加强震慑，增加投机成本。具体说来，包括分散权力、明确制度、完善法律、增强法律执行力度、转变公众看法等多种措施。治理工程腐败不需要运动性执法，需要一个长期稳定的应

① 本文系南京大学犯罪预防与控制研究所与南京市鼓楼区人民检察院合作课题“重大工程领域职务犯罪防治研究”成果之一。作者：狄小华（男）系南京大学法学院教授、博士生导师，南京大学犯罪预防与控制研究所所长；冀莹（女），1985年生，系加拿大英属哥伦比亚大学博士研究生。本文公开发表于《理论探索》，2012(3)。

对机制，逐步清洁并塑造出良好的社会环境。

关键词：工程腐败，理性经济人，制度漏洞，规范权力

工程建设领域是腐败犯罪的多发领域，近年来屡屡发生的重大案件令人触目惊心：湖北麻城房产出现贪腐窝案，市委书记副市长均被双规；上海在建楼盘“莲花河畔景苑”倒覆，原镇长助理因涉嫌贪污罪被上海市闵行区检察院批准逮捕；重庆市渝中区原副区长、原副书记、沙坪坝区原副区长等三人收受开发商贿赂总额高达1100多万元，分别被法院判处死缓和13年、10年有期徒刑；湖南株洲高架桥坍塌；成都居民楼突现歪斜等。问题不断，腐败横行，不仅严重危及公众的生命和财产安全，造成了恶劣的社会影响，也使得我国固定资产的投资效果越来越差。“公共工程大规模的投资没有取得预期效果，部分原因即在于腐败行为的广泛存在。”[①]鉴于此，中共中央办公厅、国务院办公厅于2009年8月印发了《关于开展工程建设领域突出问题专项治理工作的意见》，要求深化体制改革，加大监管力度，进一步完善统一规范的工程建设市场和互联互通的诚信体系建设，保证官员廉洁，维护百姓利益。

工程腐败问题也是近年来理论研究的热点，学者们对此提出多种治理措施，如建立统一的招投标监管平台，进行项目绩效评价，完善人员录用机制等，但往往因为缺乏实证研究而过

① 周天芸：《公共投资的腐败与经济增长》，45页，载《经济体制改革》，2001（2）。

于表面化、抽象化。笔者通过对南京地区工程腐败案件的调研，对在押犯罪分子的走访，将在本文中深入分析工程腐败犯罪的形成模式，挖掘工程腐败发生的内在原因，并进一步提出工程腐败综合性、系统性的防治方案。

一、行贿人与受贿人的互动模式分析

工程腐败案件发生初始并非赤裸裸的权钱交易，通过正当程序产生的职务人员具有相当的法律意识，十分清楚腐败可能造成的严重后果，对他人的行贿行为也是较为警觉的。并且在尚属陌生的情况下，行贿人开始即大手笔地进行贿赂往往并不能被职务人员接受，本身也比较危险。因此，行贿人起初一般以过节或日常交往为由与受贿人拉近关系，形成好感，成为“朋友”，逐步消解其抵抗力，然后再提出“不情之请”。[①]在金钱与情面的双重压力下，受贿人很快便全线崩溃，这一迂回包抄的战略方法就如温水煮青蛙，往往相当有效。

具体说来，开始时交易双方处于“相识期”，即认识阶段。行贿人出于工程需要，主动结识与之相关的职务人员。不过此时他并不会直接提出请求，双方之间的金钱往来也是极为谨慎

① 此种互动模式在所有工程腐败案件占到70%以上，本文将具体围绕此种模式展开深入分析。职务人员进行索贿现象也时有发生，但所占比例相对较少，且经常是发生在二者互动模式中的“交易期”，因此也可以作为其衍生模式纳入我们的研究范畴之中。

的，或者说还处于试探阶段。经过一段时间的接触，频繁的酒桌交往或外出活动，行贿人与受贿人逐渐进入“暧昧期”，并建立所谓的“朋友关系”。此种朋友关系具有一定程度的利益指向性，双方间基本是行贿人主动的小笔金额礼物已经出现。调研中发现，5000元以下的礼金或购物卡、空调电视等家电、手机笔记本等数码产品以及投其所好并价值不菲的字画等礼物比较常见。除此之外，在子女上学、家庭装修等生活需要上提供帮助，也较为普遍。受贿人逐渐放松警惕，接受了这个朋友，也开始享受这种关系。最后，双方将进入“交易期”。既然成为朋友，平日里的支持与帮助便理所当然。当工程招投标、质量监督检验、工程款结算等方面出现机会时，行贿人长久的情感投资加上适时的金钱砝码便发挥作用，受贿人或是暗中提供中标机会，或是在质量检验上马马虎虎，或是在竣工结算时提供方便，为行贿人牟取利益。一次交易也许并不能达到犯罪标准，仅能算作违纪行为。可一次次的交易之后，受贿人不再警觉，并对此习以为常，却不知如此累积起来早已构成犯罪，被发现仅仅在早晚之间。

在受贿人一步步走向犯罪的过程中，行贿人的作用不容忽视。但是，受贿人受到诱惑、游戏法律并逐步麻痹才是问题的关键。不过，值得思考的是，行贿人为何会去行贿，受贿人又如何能够受贿，他们之间博弈发生的背景是怎样的，这应成为破解工程腐败问题的突破口。

二、行贿人与受贿人的“理性选择”

虽然行贿与受贿均是颇具危险性的行为，但是既然当事人双方愿意进行风险投机，并且目前工程腐败现象总是屡禁不止，说明工程领域中利益空间极大且犯罪黑数较高。对此可以用“理性经济人”理论进行解释。权钱交易，本质上是公共权力嬗变为私人权力的政治过程，同时也是一种利益实现的过程。对于行贿人与受贿人来说，成本核算最低，利润最大化，他们的选择是经济理性且符合人之常理的。

（一）行贿——低成本高回报的“明智投资”

经济学中“经济人”的假设，是经济学家构造的一种“会计算、有创造性并能获取最大利益的人”。每个人都具有理性，都会追求自身利益的最大化，具有自利性。[①]从行贿人角度来看，行贿人通过行贿所获取的回报是相当可观的。目前，我国建筑市场供求关系失衡，生产能力过剩，竞争过度导致不良竞争甚至恶性竞争。行贿人可以接手工程，得到本不应获得或很难获得的机会和利润；可以在取得工程规划许可证时得到协助，省去程序上的各种严格审查；可以在建设时偷换建材，只要能够投入使用便无所顾忌；可以在工程竣工后尽快收到工程款，

① 参见周敏、文学平：《权力市场中的理性经济人》，9 页，载《重庆石油高等专科学校学报》，第 4 卷第 3 期。

并为以后继续获取工程铺平道路。如果能够成功与受贿人搞好关系，便似拥有了卧底或后台，可以随时知悉内幕并随机应变。

不过，行贿人与受贿人往往并非朋友关系，即使是朋友关系让对方一再提供帮助也有违礼数，在此情形下，行贿人定会提供足够的财物作为交换。为了谋求不正当利益给国家工作人员财物，无论是事先相求还是事后答谢，均构成行贿行为。此种行贿行为的成本是相对较低的。一个工程动辄上百万，相比之下，作为投资的行贿钱物实在不值一提。并且，关系社会中，人脉资源尤为重要，通过少许投资获得工作中不可或缺的“关系”，实为上算。同时，行贿人因行贿而被定罪的情形，在我国相当少见。虽然《联合国反腐败公约》对于行贿行为与受贿行为进行了相同评价，在国外立法中，如美国、西班牙、菲律宾、阿根廷、新西兰等都对行贿与受贿行为进行同等处罚。[①]但我国现行刑法第三百九十条规定：“行贿人在被追诉前主动交代行贿行为的，可以减轻处罚或者免除处罚。”行贿人受到的处罚偏轻，且多是仅在案发后作为证人出庭作证。如此处理虽然有利于案件的侦破，却也增添了行贿人行贿的勇气和决心。另外，行贿受贿现象已经成为社会风气，在知道其他竞争者存在或可能存在暗箱操作的情形下，行为人于压力中也不得不去寻找关系，实施贿赂。这与企业的自身发展水平无关，不过是为了保证企业和员工生存的无奈之举。

① 参见徐光华：《应加重行贿罪的刑罚》，载《检察日报》，2009 年 7 月 31 日第 03 版。

（二）受贿——低风险高收益的“理性选择”

从受贿人角度来看，受贿人接受贿赂也是经过权衡与博弈的“明智之举”。受贿人分为两类，一类是国家工作人员，一类则是非国家工作人员，如监理、审计、会计师等公司企业人员。对于国家工作人员来说，收取贿赂的诱惑相当强大，影响因素也十分多样。首先，财产收益和其他便利与享受是最大的诱惑因素，毕竟对财富的喜爱任何人都无法否认。其次，部分项目投资实际是政府官员的政绩工程、献礼工程，尽管缺少预算和评估，造成社会资源的大量浪费，却依旧在所不惜。再次，受贿人在身份和地位上得到别人的仰视与敬畏，可以从中获得心理上的满足，自信心增加，虚荣心膨胀；并且，每次收受的多是小额财物，如一两千元的现金或购物卡，在目前的经济条件下并不算数额巨大，不具有危险性，隐蔽性较强，容易形成行为人的侥幸心理。另外，调研中几乎所有的犯罪人均会提到人情、面子问题，行贿人常常借以朋友间交往的名义，使受贿人很难完全拒绝，否则便会被认为不识时务，性格怪异。一旦受贿人抵抗力不够强，收受几次财物即会濒临犯罪边缘。有时交易双方会达成攻守同盟，称所收钱款为技术咨询费、杂志赞助费，可是案发以后，很快便会以求自保并全线崩溃。

对非国家工作人员受贿人来说，监理、会计师等人员往往通过泄露标的，更改材料，在账面上做文章等方式给工程承包商以关照，并收取贿赂。少了身份与地位上的满足，财产利益的诱导是主要决定因素，那么，在检验或审计结果上倾向于行贿方便显而易见，如此的市场根本不存在公平竞争可言。市场环境中，行业以及单位监管粗漏，复核审计不严格，使得行为人有机会从中不法牟利是腐败产生的关键。受贿人之所以愿意铤而走险，是因为被发现的概率极低。一旦被发现，则暗暗归咎于自己运气不好，积极退赃、自首立功以求轻判。很多犯罪人写下悔过书，痛悔自己过去的所作所为，其实，他们此时的处境都是过去曾预见过的，他们的伤悲源于曾经的不安真的不幸成为了事实。话说回来，如果未被发觉呢，是否还正在窃喜不已？

（三）小结

通过上述分析可以发现，行贿与受贿双方均是理性经济人，进行交易可以使双方自身收益最大化，他们的举动是符合常理的。因此，工程腐败会成为一种普遍的社会现象，只要不出现重大事故，公众对其也习以为常并听之任之。但是，如果权力可以随意修改程序并无视法律，长期下去，“行为的负向示范功能和隐性强化功能会使得人人办事找关系。”[①]大家所关心的也不再是实力与规则，而是如何去“挖掘”与“经营”关系资源。整个社会将毫无秩序与安全可言，我们与现代化的契约型社会也将渐行渐远。“理性”投机的背后是深层次的社会问题，制度漏洞面前，人性的弱点便显露无遗，一切空洞的说教都是不堪一击。在这里，我们需要进一步思考的是，工程领域内投机的

① 巩建华、曹树明：《差序格局的文化影响与关系社会的破坏作用——兼论西方公共治理理论在中国实施的困境》，98页，载《江淮论坛》，2007（4）。

深层诱因何在，是什么为当事人提供了暗箱操作的空间，这也成为我们下面将要探讨的关键问题。

三、“理性”背后的制度漏洞

行贿人并非完全依靠正当程序来获得项目或工程款，多数人也并不完全信任制度而去钻营“关系”，可见很多机会的取得并不完全公开公正，而是存在较多的人为因素。行贿人行贿的目的可以分为两类，一类是行贿人自身能力或资质不够，希望借此增加胜算筹码，如获取内幕信息，更改预算，或在质量检验上蒙混过关，在此种情况下能够通过贿赂达到不正当目的，说明体制内部存在漏洞，给当事人以可乘之机，即使不按常理出牌，仍然可以曲线救国；一类是受贿人不及时发放规划许可证、工程款，在方案的审定与调整，手续的办理，工程的施工上故意刁难，迫使行为人送上“心意”，或是受贿人在接受贿赂后，才会更为积极地履行正常职能，并可能在以后继续给予关照，此种行为在工程腐败案件中所占比例高达70%左右，令人深思。公事若与自身无关，多数人都会人浮于事，本是职务人员的分内之事，却必须收受礼物才可以尽职尽责，国家工作人员履行职务过程中的玩忽职守现象相当普遍且十分严重。

工程腐败中的权力因素主要体现为三点：权力行使过于集中，权力行使随意性过大，权力行使缺乏监督。首先，我们在走访中发现，犯罪人往往位高权重，身处市建设局局长、医院总务处处长、工程质量监督站站长、项目管理有限公司经理等核心领导岗位，大权在握，有能力并可以轻易决定很多事情。权力的过度赋予成为滋生腐败的首要条件。其次，程序性约束虚化，自由裁量幅度偏大。中标人的确定，工程量的更改，工程款的发放等关键性程序在实际操作中并非严格按照规定进行，这其中的空间便成为当事人幕后操作的重大诱因。再次，监管上的不力进一步为权力寻租提供了平台。调研中被调研人均反映，工程腐败领域的犯罪黑数相当之高。虽然重大质量事故一旦出现便影响极坏，可发生概率其实很低，不出现质量问题便不容易被发现。具体到监管问题上，日常内部的监管并不及时有效，外部中立的监管力量又十分不足。虽然目前的监管体系貌似层级分明、环环相扣、滴水不漏，可当这些监管者们勾结到了一起，又由谁来监督监管者？这不幸地竟成为当今的社会现实。

政府官员权力集中，决策随意，如果制度层面上再缺乏相应的监督和制约，不出现腐败问题实属不易。市场的发展离不开行政权力的制约，但是，权力的滥用会导致市场变形，并一再挤兑公平竞争。因此，权力越分散，制度越明确，监督制衡越多，越不容易出现暗箱操作。以权力的科学配置、程序的切实执行、监管的及时跟进为突破口，弥补制度缺陷，才能减少腐败蔓延并进一步预防腐败的发生。

制度防范主要存在两种思路，一是密化制度，减少投机机会；二是加强震慑，增大投机成本。预防优于惩戒，“加强震慑”存在重刑隐患，并可能陷入恶性循环，第一种方法与目前“严而不厉”的主导刑事政策有异曲同工之妙，相比之下更为关键。以招投标法为例，调研显示，招投标法对工程招投标的参加主体、标的制作、专家库遴选、中标者确定、举报与监督程序等都进行了详细的技术性规定，缜密合理且透明公开。招投标法公布实施后，招投标阶段的违法犯罪行为便明显减少。科学的制度设计不仅可以减少腐败发生的可能性，更能够体现出一国立法的科学化与现代化，应成为治理腐败的首要选择。

当然，除此之外，增大处罚力度的方法也不容忽视。以英国、新加坡、美国等国为例，工程腐败案件的发现率很高，惩处起来也极为严厉，如英国的《英国公共机构防止贿赂法》《防腐化法》，新加坡的《预防腐败法》，美国的《罗宾逊——帕特曼法反价格歧视法案》等。[①]首先，对商业贿赂犯罪的认定范围较“宽”；其次，惩罚措施严厉，不仅进行刑事与民事双重处理，还附加取消退休金等其他措施，可以给我们以借鉴。法律制度分为伦理性规定与技术性规定。伦理性规定，如婚姻法中的部分条款、刑法中的自然犯等规定，与本国的历史传统、思想文化、风土人情密切相关，不可随意移植，否则容易产生排异反应；技术性规定则不同，如商法、经济法中的部分措施，刑法中的法定犯等规定，与本国道德取向关系并不太大，借鉴起来比较容易。工程领域即多为技术性规定，具有更

---

① 国家发改委：《关于国外防治商业贿赂的研究报告》，http://news.xinhuanet.com/lianzheng/2006-12/14/content_5484587.htm.2006-12-14/2009-06-27。

大程度的普适性，对于西方国家的成功做法，我们可以予以大胆引进。

四、规范权力——工程腐败之治本之策

美国学者阿密泰在其著作中谈道："清除腐败，不仅仅是挑出一个烂苹果，而更应该检查放置苹果的筐子。"从制度完善入手改变整个社会环境才是治本之策。并且，仅仅依靠国家治理容易出现结构性失效、制度性与政策性失效。在市场不完善、政府不规范的情况下，不仅要优化国家治理方式，分散、规范权力，还要进一步发挥社会以及个人的监督作用，建立起国家、社会以及个人的复合型治理机制。

（一）分散权力、细化制度——减少寻租空间

分散内部权力，通过多元制衡打破一把手独霸现象，是减少腐败的根本，但同时也需考虑效率问题。例如，深圳市建筑工务署在2002年至2005年间管理工程72项，完成投资80多亿，未出现一宗腐败案件，被誉为"破解了政府工程腐败的世纪难题"。[①]作为专业性的建设管理机构，虽然管理集中，却将权力高度分散，各部门各科室之间各司其职分权制约，形成决

① 陈晓哲等：《深圳，闯出一条预防工程腐败的新路》，载《中国纪检监察报》，2005年8月28日。

策、执行、监督三分离的内部运行机制，成为预防工程腐败的成功探索。再如，根据招投标法规定，50 万元以下工程的招投标可以不实行公开招投标，本文认为，对此仍应进行严格限定与制度细化，防止随意性过大而出现腐败隐患。如规定，可安排采取自行招标、联合议标、竞争性谈判等多种形式，但过程必须公开，结果均需公示；对于招投标过程以及结果所产生的所有问题，任何人无论是未中标人还是其他人均可提出异议，并举报投诉；另外，还可考虑引入“人民监察员”、“反腐败调查委员会”等外部专业性监督力量。工程腐败问题涉及工程领域的多种专业问题，在政府监管机构内部增加专业人员人数，可以使反腐措施更为深入有效。以福建省泉州市洛江区为例，2008 年洛江区建立了区惩治与预防腐败专家库，收录 15 名中高级工程师、会计师、审计师等专家，对该区工程建设、政府采购、国有土地使用权出让、产权交易、药品购销等工作方案和制度措施进行评估审查，对各种违法违规、暗箱操作的隐蔽性条款和潜在的工程腐败问题进行调查分析。至今，已裁减了决算工程资金 1733 万元，并参与查处商业贿赂等违纪违法案件 20 件，[1]成效颇为显著。

为了防止权力行使任意化，质量、进度、造价等工程建设的三大因素必须得到有效控制，经过预算以及制定计划后不可随意更改。调研中，工程项目随意变更是工程领域中的一大难

① 国家预防腐败局：《福建省泉州市洛江区建立预防腐败专家库取得成效》，http://www.nbcp.gov.cn/article/xxzh/200902/20090200001513.shtml.2009-02-17/2009-08-02。

题，项目实施过程中，法人单位常以各种理由在建设项目的内容、标准、规模等方面擅自更改，提高工程造价。大部分工程款审计核减率占送审额的20%左右，有的甚至高达30%至40%。随意变更的背后，相当部分是在工程投标时就有意埋下伏笔的，体现出各种程序性约束的缺位。对此，一方面要在工程招投标时对标的进行准确计算，对所有投标进行仔细审核，将明显低于成本价的投标排除在外；一方面将承包商可以更改的工程量严格限定在一定额度之内，并安排多个部门进行监督管理，打消承包商的投机心理，防止内部工作人员以权谋私。

同时，附权型信息网络的建设将各种业务流程固化，也可以有效避免管理过程中的不定性及个人决策上的随意性。以公路建设为例，高速公路是长距离的带状工程，空间与时间的跨越给信息交流带来诸多不便，传统的监督模式难以完成全线监督、全过程监督、全方位监督的任务，容易导致部分管理目标的不可控，使得各类问题乘虚而入。2006年5月温州开发成功国内首套高速公路建设项目管理信息化系统，整个建设管理系统包括投资控制、进度计划、质量管理、合同管理等12个模块，涵盖了高速公路工程建设的方方面面。参建五方可共同使用此平台，[①]通过网络能够查询变更管理、计量支付、资金申请、工程款支付等所有工作内容，不仅十分便捷，还能最大

① 陈东升：《实行阳光化管理，打破公路工程腐败潜规则》，载《法制日报》，2007年3月27日，第8版。

限度屏蔽人为干扰，充分实现公开透明。专业性的电子信息网络在我国正在不断发展完善，并将成为反腐建设的重要辅助手段。

（二）健全法律，严密法网——预防与惩罚并重

市场经济条件下，法律是规范权力的关键工具，其监督与震慑作用不容小觑。在德国，司法机构对相应的惩治措施规定得非常细，处罚也相当严厉；新加坡制定了《防止贪污法》《公务员法》《没收非法所得法》等3部重要法律文件。一旦受贿事实成立，即构成犯罪，司法机关无须查证受贿人是否向行贿人提供了便利。并且，被查出有问题的官员，不仅要受到经济惩罚，退休公积金被没收，以后也将很难在社会上找到工作，得不偿失。日本实行公务员轮岗制度，不仅限于政府某一部门内，部门与部门之间也相互轮岗。如果公务员在职期间有腐败行为，在下任便会被发现。[①]从而形成对贪污犯罪分子的巨大威慑力。

我国也在不断修改与完善反腐法律法规，加大事后惩处的同时，更注重事前防范，前后出台了《建筑法》《招标投标法》《建设工程质量管理条例》《建设工程勘察设计管理条例》等一系列法律法规，几乎涵盖了工程建设的各个环节，形成一套相对健全的廉政法律体系。同时，不仅加重对受贿人的处罚，还进一步增强对行贿人责任的追究。如福建省于2009年4月下发

① 参见江本敏等：《国外反腐制度面面观》，载《人民文摘》，2004（8）。

《关于全面推行建设市场法人和自然人违法违规档案制度的意见》，在依法查处的同时，将对有严重违法违规行为的法人和自然人予以曝光，并限制其承接政府投资工程，形成档案，予以集中公告。[①]这一做法得到多数学者认可。不可否认，工程领域内的许多问题并未随着法律法规的完善而减少，规避招标、虚假招标、私泄标的、陪标保标等不正当竞争行为和犯罪行为仍然相当常见。在我国，健全法律法规是防治腐败的基础，如何贯彻落实更是问题的关键。

其实，我国目前工程腐败难以控制的一个最主要原因就在于执法不严，有法不依。制度总需要人来操作，并且总会存在自由裁量的幅度与空间，人可以让本身中立的制度具有利益倾向性。同时，制度漏洞与制度空白也进一步提高了具体操作过程中人为因素所占的比例。在利益与人情的攻势下，正式制度形同虚设，非正式规则却因不断影响人们的价值观念和意识形态，而逐步形成一种新的行为习惯和伦理观念，并演变成一种新的非正式制度，严重毒化社会生活。[②]因此，改变整个对知法犯法习以为常的社会环境是重中之重，我们不需要寻求惩罚的严厉程度，在一个将违法视为儿戏的社会里，潜在犯罪人相信自己完全可以逃避刑罚，刑罚是轻是重早已无须挂怀。重刑仅能满足他人的报复心理，对真正可能腐败之人的震慑作用实际

① 国家预防腐败局：《福建省推行建设市场违法违规档案制度》，载《中国纪检监察报》。

② 参见缪燕燕：《工程管理中不规范行为的制度原因及对策》，38页，载《企业经济》，2005（6）。

已经大大削弱。我们所关注的应是强化检查审核，减少犯罪黑数，使违法犯罪的人都能够被绳之以法。严密的法网将极大地影响到犯罪人的心理天平，起到更深层次的震慑作用。

（三）转变观念，警示教育——对腐败保持“零容忍”

公众对权力的监督具有更大程度的及时性、中立性与渗透性，我们需要改变公众的看法。当然，这一转变需要经历一个较为漫长的过程。香港律政司副首席检察官沈仲平就曾提到，二十世纪六十年代以前，香港、新加坡也是相当腐败的，但是七十年代香港成立了廉政公署，用了超过三十年的时间才把民众的观念改变过来，使社会对腐败从可以容忍到绝对无法接受。[①]公众形成任何腐败均不能被姑息的法律意识，腐败行为才无处藏身。目前，部分公众对身边腐败听之任之，本文认为所受的是“环境效应”的影响。[②]客观环境会影响到环境中人的主观判断与决策选择，并潜移默化成其内在的行为规范。环境的改善与公众看法的转变是一个相辅相成的过程，其中需要法律法规的切实执行，法制理念的深入宣传，传统思想的全面革新

---

① 参见沈仲平：《香港反商业贿赂及其惩治》，http://www.criminallaw.com.cn/article/default.asp？id=437，2006-10-29/2009-06-28。

② 以随地丢垃圾为例，花园城市的光洁如新会给新来者随地丢垃圾的念头造成莫大的顾虑，开始他也许很不习惯且感到束缚，但长久下去，保持环境清洁便潜移默化成他的新习惯，理所当然应当遵守。但如果城市垃圾遍地，城市中人对随手丢垃圾便会毫不在意。清洁观念的缺失不仅是受到环境肮脏、周围人示范作用以及制裁不力等多种因素的影响，更是因为欠缺改良的思想、魄力以及得当的方法，因此，花园城市持续光洁，垃圾城市继续肮脏。不过，垃圾城市也可以同样“花园”，很多全国卫生城市的出现便是实例。但这是一个系统工程，更何况法制环境呢？

等多种因素的共同支撑。目前，大部分中国民众对腐败是恨之入骨，这便为环境的改善奠定了良好的社会基础。虽然转变观念、净化环境是一个系统工程，但实施的越早、越全面，效果也会越快显现。

最后，对个人的警示性教育同样不可忽视，尤其要注重家庭对当事人的影响。空讲道德约束不具有实际意义，利益诱因面前，道德往往不堪一击，警示性教育只有抓住最能触动行为人内心的东西才会具有实际效果。在调查中，几乎所有的被调查人都会表现出对自己家庭和子女的深深愧疚，受贿对自己和亲人现在以及将来所产生的负面影响也许最能让犯罪人动容。因此，可以以自愿为前提，在适当时机安排职务人员与狱内犯罪人进行交流与沟通，由犯罪人述说案发前后的心理变化，加大职务人员受贿行为的心理负担与顾虑，增强其自我控制能力。

虽然大家都在探讨工程腐败问题，可工程腐败形势依旧严峻。党中央和国务院近日提出用两年的时间集中治理工程腐败问题，但是，严打式的运动性执法仅能取得短期效果，市场与权力的规范，公众法律意识的提高，整个法制环境的转变，所需的不仅仅是应景性的政策措施，更需要政府的政治魄力、长远视角以及一系列真正能够起到实效的稳定性策略。